Models of Rural Revitalization
in Shandong Province

乡村振兴 齐鲁样板

高珂 任致伟 张彧/编著

山东城市出版传媒集团·济南出版社

图书在版编目（CIP）数据

乡村振兴 齐鲁样板／高珂，任致伟，张彧编著. — 济南：
济南出版社，2020.8

ISBN 978 – 7 – 5488 – 4451 – 8

Ⅰ．①乡… Ⅱ．①高… ②任… ③张… Ⅲ．①农村 – 社会主
义建设 – 研究 – 山东 Ⅳ．①F327.52

中国版本图书馆 CIP 数据核字（2020）第 146592 号

责任编辑　刘德义　　樊庆兰
封面设计　谭　　正

出版发行　济南出版社
地　　址　济南市二环南路 1 号
邮　　编　250002
印　　刷　德州联英印刷制版有限公司
成品尺寸　170mm × 240mm　16 开
印　　张　10.5
字　　数　197 千
版　　次　2020 年 8 月第 1 版
印　　次　2020 年 10 月第 1 次印刷
定　　价　48.00 元

（如有倒页、缺页、白页，请直接与印刷厂联系调换。）
电话:0531 – 86131736

序

习近平总书记对山东发展一直十分关心、寄予厚望。回望这些年来,在山东发展的每一个关键节点,总书记都对山东工作作出重要指示,标注目标定位,指明前进方向。2018年全国"两会"期间,习近平总书记参加山东代表团审议时,围绕实施乡村振兴战略,作出了"五个振兴"的重要指示,要求山东充分发挥农业大省优势,打造乡村振兴的齐鲁样板;同年6月,总书记视察山东时,又进一步为山东实施好乡村振兴战略作出新的重要指示要求。总书记全方位的科学指导,充分体现了对山东"三农"工作的厚望和重托,体现了对山东做好"三农"工作的高度信任,这是亿万山东人民的荣耀,更是一份沉甸甸的政治责任,是山东必须完成的历史使命。

不负深情厚望,勇于担当作为。山东牢记总书记殷切嘱托,形成并全面展开以习近平新时代中国特色社会主义思想为指导,以"走在前列、全面开创"为目标,以"八大发展战略"为支撑,以全面深化改革为保障,以全面从严治党为统领的整体发展格局。经过不懈努力和持续奋斗,山东正呈现一系列趋势性、关键性变化,向着总书记期待的、全省人民期盼的方向阔步前进。重任在肩,使命光荣。两年来,山东牢记习近平总书记嘱托,牢牢扛起"打造乡村振兴的齐鲁样板"的重要政治任务,统筹谋划、勇探新路,全力写好新时代现代化强省建设的"三农"篇章。

农村稳天下安,农业兴基础牢,农民富国家强。实施乡村振兴战略,是决胜全面建成小康社会的重大历史任务,是新时代"三农"工作的总抓手。农业强不强,农村美不美,农民富不富,决定着全面小康社会的成色和社会主义现代化的质量。当前,乡村振兴的宏伟蓝图已全面展开,脱贫攻坚进入决战决胜阶段,摆在山东面前最重要的工作就是扛起责任担当,狠抓工作落实,持续聚力攻坚,以永不懈怠的精神状态和一往无前的奋斗姿态,以推动乡村振兴和脱贫攻坚的实际行动,一步一个脚印,真抓实干、埋头苦干,山东一定能完成好总书记交给山东的政治任务和历史使命,为全国乡村振兴作出山东贡献。

以此为序。

张述存

目　录

第三篇　乡村振兴齐鲁样板之创新模式

第四篇　乡村振兴齐鲁样板的经验总结与趋势展望

第一篇 乡村振兴齐鲁样板战略概论

第一章　打造乡村振兴齐鲁样板是习近平总书记交给山东的光荣使命

第一节　习近平总书记对打造乡村振兴齐鲁样板的殷切嘱托

党的十八大以来，习近平总书记高度重视"三农"工作，强调要始终把解决好"三农"问题放在全党工作重中之重的位置。党的十九大提出要实施乡村振兴战略，并将之作为全面建成小康社会决胜期的七大战略之一。实施乡村振兴是党中央解决好新时代"三农"问题的重大战略决策。党的十九大首次提出实施乡村振兴战略，在我国"三农"发展历史进程中具有重要的里程碑意义。自 2004 年以来，历年中央一号文件主题均是关于"三农"的问题，各地方政府在推动新农村建设、城乡统筹和美丽乡村建设等方面做了大量有益探索和改革创新。"乡村兴则国家兴，乡村衰则国家衰。"乡村振兴是新时代"三农"工作的总抓手，是一项复杂的系统工程，涉及产业、人才、文化、生态、组织等方面，任务艰巨，不可能一蹴而就。未来五到十年我国乡村发展将处于大变革、大转型的关键时期，必须坚持乡村振兴战略，创新发展，分类推进，久久为功。

2018 年的 3 月 8 日，是山东发展历史上一个特殊而重要的日子，习近平总书记亲临山东代表团审议并发表重要讲话，要求山东打造乡村振兴的齐鲁样板，"在全面建成小康社会进程中、在社会主义现代化建设新征程中走在前列，全面开创新时代现代化强省建设新局面"，为山东发展指明了方向，擘画了蓝图。习近平总书记指出，实施乡村振兴战略，是党的十九大做出的重大决策部署，是决胜全面建成小康社会、全面建设社会主义现代化国家的重大历史任务，是新时代做好"三农"工作的总抓手。农业强不强、农村美不美、农民富不富，决定着全面小康社会的成色和社会主义现代化的质量。要深刻认识实施乡村振兴战略的重要性和必要性，扎扎实实把乡村振兴战略实施好。习近平总书记强调，实施乡村振兴战略是一篇大文章，要统筹谋划，科学推进。要推动乡村产业振兴，紧紧围绕发展现代农业，围绕农村一二三产业融合发展，构建乡村产业体系，实现产业兴旺，把产业发展落到促进农民增收上来，全力以赴消除农村贫困，推动乡村生活富裕。要发展现代农业，确保国家粮食安全，调整优化农业结构，加快构建现代农业产业体系、生产体系、经营体系，推进农业由增产导向转向提质导向，提高农业创新力、竞争力、全要素生产率，提高农业质量、效益、整体素质。要推动乡村人才振兴，把人力资本开发放在首要位置，强化乡村振兴人才支撑，加快培育新型农业经营主体，让愿意留在乡村、建设家乡的人留得安心，让愿意上山下乡、回报乡村的人更有信心，激励各类人才在农村广阔天地大施所能、大展才华、大显身手，打造一支强大的乡村振兴人才队伍，在乡村形成人才、土地、资金、产业汇聚的良性循环。要推动乡村文化振兴，加强农村思想道德建设和公共文化建设，以社会主义核心价值观为引领，深入挖掘优秀传统农耕文化蕴含的思想观念、人文精神、道德规范，培育挖掘乡土文化人才，弘扬主旋律和社会正气，培育文明乡风、良好家风、淳朴民风，改善农民精神风貌，提高乡村社会文明程度，焕发乡村文明新气象。要推动乡村生态振兴，坚持绿色发展，加强农村突出环境问题综合治理，扎实实施农村人居环境整治三年行动计划，推进农村"厕所革命"，完善农村生活设施，打造农民安居乐业的美丽家园，让良好生态成为乡村振兴支撑点。要推动乡村组织振兴，打造千千万万个坚强的农村基层党组织，培养千千万万名优秀的农村基层党组织书记，深化村民自治实践，发展农民合作经济组织，建立健全党委领导、政府负责、社会协同、公众参与、法治保障的现代乡村社会治理体制，确保乡村社会充满活力、安定有序。要推动乡村振兴健康有序进行，规划先行、精准施策、分类推进，科学把握各地差异和特点，注重地域特色，体现乡土风情，特别要保护好传统村落、民族村寨、传统建筑，不搞一刀切，不搞统一模式，不搞层层加码，杜绝"形象工程"。习近平总书记强调，要充分尊重广大农民意愿，调动广大农民积极性、主动性、创造性，把广大农民对美好生活的向往化为推动乡村振兴的动力，把维护广大农民根本利益、促进广大农民共同富裕作为出发点和落脚点。①

习近平总书记对山东无比厚爱，给予亲切关怀。山东人民深切感受到，总书记的重要讲话是最强大的精神力量，始终激励着 1 亿齐鲁儿女凝神聚力、奋发图强；赋予山东打造乡村振兴齐鲁样板的重大责任、重大使命、重大机遇，始终引领着山东全省上下敢为人先、敢闯新路。山东人民时刻铭记总书记教诲，脚踏实地、苦干实干，加快打造立得住、经得起检验的乡村振兴齐鲁样板，把如山厚望、似海深情转化为"两个维护"的坚定行动，努力交出一份合格答卷。

山东是农业大省，乡村振兴是齐鲁儿女的热切期盼。总书记的讲话，极大点燃了山东人民干事创业的火热激情。山东经过两年的学习和实践，对习近平总书记重要讲话的理解逐步加深、落实逐步深化。一直以来，山东把深入学习贯彻习近平总书记重要讲话精神作为重大政治任务，牢固树立"四个意识"，坚定"四个自信"，做到"两个维护"，以齐鲁样板为"标"，以"五个振兴"为"径"，统筹谋划，科学施策，推动乡村振兴战略顺利实施。山东着力抓规划引领、试点示范、政策支撑、改革创新、脱贫攻坚和推动落实，乡村产业发展更加兴旺，乡村人才队伍不断壮大，乡村文化焕发新的气象，乡村生态环境进一步改善，乡村基层组织建设更加牢固。同时，对照习近平总书记重要讲话精神，山东还存在一些问题和短板，比如乡村产业竞争力不强、发展内生动力不足、文化建设有待加强、生态支撑能力较弱、治理体系不够完善、"五个振兴"统筹推进还不到位等，还需采取更加有力举措，切实加以解决。继续坚持以习近平新时代中国特色社会主义思想为指导，深入贯彻党的十九大精神，全面落实习近平总书记视察山东重要讲话、重要指示批示精神，坚持稳中求进工作总基调，坚持新发展理念，坚持改革创新，坚持"五个振兴"路径，抓重点、补短板、强基础、促落实，推动乡村振兴健康有序进行，加快打造乡村振兴的齐鲁样板，以扎实工作和实际成效，努力回报习近平总书记的关心厚爱。

---

① 《习近平 李克强 王沪宁 赵乐际 韩正分别参加全国人大会议一些代表团审议》，《人民日报》2018 年 3 月 9 日 第 1 版。

第二节 习近平总书记"三农"思想的形成与实践

习近平总书记站在全局的战略高度，从全面建成小康社会和实现中华民族伟大复兴中国梦的目标出发，针对农村改革与发展面临的新情况和新问题，提出了关于"三农"发展的一系列新思想、新论断、新要求，构成了习近平新时代中国特色社会主义思想的重要组成部分。习近平总书记关于"三农"的重要论述是在长期的农村工作实践和政治生涯中形成的，是基于中国"三农"实际的经验总结和理论概括。习近平总书记数十年的政治生涯中，从知青和大队书记开始，就与"三农"结下了深厚的感情，发展农业、造福农村、富裕农民是始终萦绕在他心头的"三农梦"。党的十八大之前，他在不同层级领导岗位上的学术论著大多是关于"三农"问题的。党的十八大后，习近平总书记从治国理政的高度对"三农"工作作出了一系列的论述和指示，形成了一整套完整的"三农"理论体系。

一、从亲历"三农"中读懂中国

习近平总书记青年时期到延川县文安驿公社梁家河大队插队，开始他的知青岁月，这是他亲历中国"三农"的开端。在梁家河大队的七年间，他以一名普通社员的身份与梁家河大队的社员一起劳作，开荒、种地、锄草、放羊、拉煤、打坝、挑粪……几乎没有歇过，在乡亲们眼中，他是个"吃苦耐劳的好后生"。知青经历增进了他与人民群众的血肉联系，加深了他与农民之间真挚深厚的感情。习近平总书记关于"三农"的重要论述就根植于一线的农业生产劳动中，与农民一起劳作的经历使习近平总书记更能体察民情、了解农村、熟知农业。

在其后的政治生涯中，习近平同志先后在河北、福建、浙江、上海等地主抓农业或分管农业，从县委书记到省委书记，他最关心的是"三农"，与"三农"结下了不解之缘。正是他在不同历史时期、不同工作岗位上对"三农"工作的亲身参与、大胆创新和深入探索，使他在"三农"领域积累了大量的实践经验，然后再把这些经验系统地进行理论性总结。习近平总书记在党的十八大之前的学术论著、工作讲话和批示大都是关于"三农"问题的。

例如，他早年出版了《摆脱贫困》，在福建省委副书记任上主编了《现代农业理论与实践》一书，完成了专著《中国农村市场化建设研究》。在他任浙江省省长和省委书记时，浙江省在全国率先颁布了地方性法规《浙江省农民专业合作社条例》，为2006年全国出台颁布《中华人民共和国农民专业合作社法》奠定了基础。

二、勇于探索，开拓创新

习近平总书记关于"三农"的重要论述与他在不同时期分管农业和农村工作时勇于探索、不断开拓"三农"工作新局面有直接的关系。在陕西农村插队任大队党支部书记时，习近平同志就开始了使农村摆脱贫困的探索，在以后的不同层级的领导岗位上，他更是亲力亲为，根据当地的特点进行了一系列的改革与实践，积累了丰富的经验。

习近平同志在福建宁德工作时就指出，粮食问题历来是我国国民经济发展的战略问题，这个问题对闽东来说有着更加重要而特殊的意义。因此，在宁德工作期间，他时刻高度重视"三农"工作，以居安思危、深谋远虑的战略理念指导"三农"工作。在此期间出版的《摆脱贫困》就是他对"三农"问题的阶段性总结。

在浙江工作期间，他亲自指导了浙江省"三位一体"农民合作经济组织体系改革工作，推动了在瑞安的试点工作，并亲自召开全省现场会进行经验总结和推广。"三位一体"即农民专业合作、供销合作和信用合作融为一体，形成三重合作功能的一体化、三类合作组织的一体化和三级合作体系的一体化。目前，"三位一体"已成为中国供销社综合改革的目标之一。

习近平同志在闽东工作时曾经指出，对发展大农业的一些带根本性的问题，我们在整个国家的格局内，必须有独到的"闽东思考"。这就是习近平同志提出的"走一条发展大农业的路子"。大农业应朝着多功能、开放式、综合性的方向发展立体农业。"闽东思考"是包括粮食生产、家庭联产承包制、农业综合开发、农村集体经济、科技兴农和农村服务体系等在内的现代农业发展的系统思考。

三、习近平总书记关于"三农"的重要论述的重要价值

习近平总书记关于"三农"的重要论述与实现中华民族伟大复兴的中国梦一脉相承，具有宏大深远的战略眼光，发扬了中国共产党重视"三农"工

作的优良传统，继承了几代中国共产党人对"三农"问题的探索和奋斗，是习近平新时代中国特色社会主义思想的有机组成部分，进一步丰富和发展了马克思主义关于"三农"的思想理论。习近平总书记把"三农"工作定位为治国安邦的重中之重、全党工作的重中之重，他的系列重要讲话和论述进一步丰富了中国共产党关于"三农"工作的战略思想，深刻回答了新的历史条件下"三农"发展的一系列重大理论和现实问题，具有深远的理论价值和指导意义。

一是马克思主义中国化的最新成果。习近平总书记关于"三农"的重要论述形成了一个系统完整、博大精深的科学体系，既是对中国共产党高度重视"三农"工作的优良传统的继承和发扬，又是审时度势、与时俱进，指导中国新时期"三农"工作的理论基础。它是把马克思主义理论和方法运用到中国实际的又一理论创新，是对中国特色社会主义理论体系的丰富、完善和发展，是马克思主义中国化最新成果的集中体现。与时俱进是马克思主义的理论品质，推进马克思主义中国化是中国共产党一以贯之的重大使命和任务。习近平总书记关于"三农"的重要论述是科学运用马克思主义原理和方法，结合中国新时期"三农"的新特征和面临的主要矛盾，在总结大量实践的基础上提出的科学解决"三农"问题的理论与方法；是与时俱进、顺应中国经济发展阶段和"三农"面临的新情况、新问题，科学运用生产力和生产关系的辩证关系提出来的新理论。

二是习近平新时代中国特色社会主义思想的重要组成部分。习近平总书记关于"三农"的重要论述是习近平新时代中国特色社会主义思想在"三农"领域的具体体现，是我党长期积累的做好"三农"工作的经验总结和习近平总书记亲历"三农"、勇于探索的理论总结，是习近平新时代中国特色社会主义思想的重要组成部分。正如党的十八届五中全会公报所指出的，党的十八大以来，以习近平同志为核心的党中央毫不动摇地坚持和发展中国特色社会主义，勇于实践、善于创新，深化对共产党执政规律、社会主义建设规律、人类社会发展规律的认识，形成一系列治国理政新方略，为在新的历史条件下深化改革开放、加快推进社会主义现代化提供了科学的理论指导和行动指南。习近平总书记关于"三农"的重要论述是习近平新时代中国特色社会主义思想的重要理论基础，是在总结中国共产党长期以来"三农"工作经验基础上提出的新思想；遵循了"三农"发展的规律，适应了"三农"发展的新情况和新问题，具有高度的针对性，成为具有丰富内涵的治国理政新战略的有机组成部分。

三是中国特色"三农"理论的重大创新。中国的国情决定了要从根本上解决中国的"三农"问题，需要采用中国的方法，要在深入了解中国"三农"问题实质的基础上，科学运用马克思主义的理论和方法，提出解决"三农"问题的思路和途径。习近平总书记关于"三农"的重要论述根植于中国实践，是在中国农村改革开放取得巨大成功的基础上，经济发展处于新常态的情况下，根据中国农村发展面临的新情况、新问题，与时俱进提出的解决"三农"问题的新理论。习近平总书记关于"三农"的重要论述突出了以人民为中心的发展思想，以人的发展为出发点，以全面小康为目标，把解决"三农"问题与实现中华民族伟大复兴中国梦的宏伟目标结合起来，成为新时期做好"三农"工作的根本指导。

第三节　习近平总书记关于"三农"重要论述的指导意义

习近平新时代中国特色社会主义思想是新时代建设中国特色社会主义的理论基础，是我们行动的指导思想。习近平总书记关于"三农"的重要论述是习近平新时代中国特色社会主义思想的重要组成部分，是马克思主义政治经济学的重要创新成果。习近平总书记关于"三农"的重要论述内容丰富、深刻、系统，具有高度的前瞻性和指导性，是中国经济进入新常态下继续深化农村改革的理论指南；它回答了新的历史条件下"三农"发展的现实问题，是当前和今后一个时期中国"三农"工作的重要理论和政策依据，为新时期"三农"工作指明了方向。

一、为走中国特色的"三农"发展道路指明了方向

深化改革是我党解决好"三农"问题的重要法宝，习近平总书记指出，解决好"三农"问题，根本在于深化改革，走中国特色农业现代化道路。20世纪80年代的农村改革极大地调动了农民的积极性，从而实现了农业的飞跃发展。现在我们继续深化改革，坚持不懈推进体制机制创新，向改革要活力，激发亿万农民创新创业活力，释放农业农村发展新动能。

党的十九大再次强调市场在资源配置中的决定性作用。农村改革要坚持

以市场需求为导向，深入推进农业供给侧结构性改革。要稳步推进粮食价格形成机制和收储制度改革，以市场需求为引领，加快调整农业生产结构、产品结构、产业结构，促进农业稳定发展和农民持续增收。坚持市场化改革取向与保护农民利益并重，采取"分品种施策、渐进式推进"的办法，完善农产品市场调控制度。

继续加大对"三农"的支持力度，通过健全农业农村投入持续增长机制，推动金融资源更多向农村倾斜，通过大力完善农业保险制度等措施，增加对农业的资金支持，改善农村金融供给。

深化农村集体产权制度改革，到 2020 年基本完成土地等农村集体资源性资产确权登记颁证、经营性资产折股量化到本集体经济组织成员，健全非经营性资产集体统一运营管理机制。农村集体产权制度改革的目的不是取消集体经济，而是更好地发展壮大集体经济，通过改革充分发挥集体经济的优势，让农民享受更多的财产性收益，共享改革成果。2016 年 4 月，习近平总书记在小岗村主持召开农村改革座谈会并发表重要讲话。习近平总书记指出，不管怎么改，都不能把农村土地集体所有制改垮了，不能把耕地改少了，不能把粮食生产能力改弱了，不能把农民利益损害了。① 这四个"不能"是深化农村改革不可逾越和必须坚守的底线。

二、是指导"三农"工作的根本遵循

习近平总书记关于"三农"的重要论述集中体现了新时期中国共产党关于"三农"工作的战略思想，深刻回答了新时代"三农"发展的一系列重大理论和现实问题，具有鲜明的时代特色和理论风格，是新时代做好"三农"工作的重要遵循。2017 年中央一号文件指出，新的历史阶段下，农业的主要矛盾由总量不足转变为结构性矛盾，突出表现为阶段性供过于求和供给不足并存，矛盾的主要方面在供给侧。② 因此，必须顺应新形势、新要求，坚持问题导向，调整工作重心，深入推进农业供给侧结构性改革，加快培育农业农村发展新动能。

深入推进农业供给侧结构性改革必须全面贯彻党的十九大精神，以马克

---

① 《习近平：加大推进新形势下农村改革力度　促进农业基础稳固农民安居乐业》，《人民日报》2016 年 4 月 29 日第 1 版。

② 《中共中央、国务院关于深入推进农业供给侧结构性改革　加快培育农业农村发展新动能的若干意见》，《人民日报》2017 年 2 月 6 日第 1 版。

思列宁主义、毛泽东思想、邓小平理论、"三个代表"重要思想、科学发展观、习近平新时代中国特色社会主义思想为指导，深入贯彻习近平总书记在党的十九大上的报告精神，坚持新发展理念，坚持把做好"三农"工作放在重中之重的位置，着眼于加快推进农业农村现代化和城乡融合发展，让农业成为有奔头的产业，让农民成为体面的职业。

三、是深化农村改革的理论依据和支撑

党的十八大以来，以习近平同志为核心的党中央坚持深化农村改革，不断探索和创新与生产力相适应的生产关系，激发广大农民的积极性，不断释放改革的活力。习近平总书记指出，农村改革是全面深化改革的重要组成部分，做好"三农"工作，关键在于向改革要活力。党的十八届三中全会通过《中共中央关于全面深化改革若干重大问题的决定》后，中央陆续出台了一系列的改革措施，共有336项，其中直接和"三农"有关的改革有50项，约占15%。习近平总书记指出，农村要发展，根本要依靠亿万农民。要坚持不懈推进农村改革和制度创新，充分发挥亿万农民主体作用和首创精神，不断解放和发展农村社会生产力，激发农村发展活力。①

2015年11月，中共中央、国务院印发了《深化农村改革综合性实施方案》，提出了农村改革的五大领域：一是关于改革和完善农村的产权制度；二是关于创新农业的经营形式；三是进一步改革完善国家对农业的支持保护体系；四是进一步推进城乡发展一体化的体制机制；五是加强农村的基层组织建设，完善农村社会治理。五个领域的改革涉及26项重大改革措施。改革力度之大、涉及领域之广前所未有。改革的内容很多，牵涉方方面面，利益关系十分复杂。针对这种情况，改革不能过急、过快。比如土地制度改革，是农村最为敏感的改革领域之一。习近平总书记曾指出："农村土地制度改革是个大事，涉及的主体、包含的利益关系十分复杂，必须审慎稳妥推进。"② 习近平总书记还强调，要好好研究农村土地所有权、承包权、经营权三者之间的关系，土地流转要尊重农民意愿、保障基本农田和粮食安全，要有利于增

---

① 《健全城乡发展一体化体制机制　让广大农民共享改革发展成果》，《人民日报》2015年5月2日第1版。
② 习近平：《在中央农村工作会议上的讲话》，载中共中央文献研究室编《十八大以来重要文献选编》（上），中央文献出版社2014年版，第671页。

加农民收入。①

2018 年 9 月，中共中央、国务院印发了《乡村振兴战略规划（2018—2022 年)》，对实施乡村振兴战略第一个五年工作作出了具体部署。《规划》按照产业兴旺、生态宜居、乡风文明、治理有效、生活富裕的总要求，明确了阶段性五大重点任务。一是以农业供给侧结构性改革为主线，促进乡村产业兴旺。坚持质量兴农、品牌强农，构建现代农业产业体系、生产体系、经营体系，推动乡村产业振兴。二是以践行绿水青山就是金山银山的理念为遵循，促进乡村生态宜居。统筹山水林田湖草系统治理，加快转变生产生活方式，推动乡村生态振兴。三是以社会主义核心价值观为引领，促进乡村乡风文明。传承发展乡村优秀传统文化，培育文明乡风、良好家风、淳朴民风，建设邻里守望、诚信重礼、勤俭节约的文明乡村，推动乡村文化振兴。四是以构建农村基层党组织为核心、自治法治德治"三治"结合的现代乡村社会治理体系为重点，促进乡村治理有效。把夯实基层基础作为固本之策，建立健全党委领导、政府负责、社会协同、公众参与、法治保障的现代乡村社会治理体制，推动乡村组织振兴，打造充满活力、和谐有序的善治乡村。五是以确保实现全面小康为目标，促进乡村生活富裕。加快补齐农村民生短板，让农民群众有更多实实在在的获得感、幸福感、安全感。习近平总书记指出，"实施乡村振兴战略，是党的十九大作出的重大决策部署，是决胜全面建成小康社会、全面建设社会主义现代化国家的重大历史任务，是新时代做好'三农'工作的总抓手。""要深刻认识实施乡村振兴战略的重要性和必要性，扎扎实实把乡村振兴战略实施好。"②

四、要从政治高度充分认识"三农"工作的重要性

习近平总书记关于"三农"的重要论述，是解决"三农"问题的重要理论依据和政策指引。做好"三农"工作需要从政治高度上充分认识"三农"工作的重要性，需要从思想上正确认识"三农"在全面建成小康社会、实现现代化进程中的重要地位。做好"三农"工作离不开正确理论指导，习近平总书记关于"三农"的重要论述正是我们做好"三农"工作的重要理论指

---

① 《习近平：坚定不移全面深化改革开放　脚踏实地推动经济社会发展》，《人民日报》2013 年 7 月 24 日第 1 版。
② 《扎扎实实把乡村振兴战略实施好——习近平总书记重要讲话在山东各界引发热烈反响》，《人民日报》2018 年 3 月 10 日第 3 版。

导。高度重视"三农"工作，把做好"三农"工作置于全党工作的重中之重，是做好其他工作的前提和基础。把"三农"工作置于治国安邦的重中之重的地位，充分阐释了中国共产党一贯坚持把"三农"工作做好的重要性和必要性。改革开放以来，1982 年至 1986 年中央连续出台了 5 个有关"三农"的一号文件，进入 21 世纪，从 2004 年开始，中央又连续 15 年出台有关"三农"的一号文件。做好"三农"工作是实现"两个一百年"宏伟目标的重要组成部分。中国农业农民农村的"强富美"与中国的强大紧密相连，与中华民族的伟大复兴紧密相连。不能很好地解决"三农"问题，就谈不上中国的强大和复兴。要站在实现中华民族伟大复兴中国梦的政治高度，认识到中国的强大需要有强大的农业、美丽的农村和富裕的农民。

"中国要强，农业必须强"，要求我们必须加快传统农业向现代农业的转变，积极探索中国特色的现代化农业道路。农业要强，一要依靠改革，通过深化农村土地制度改革，探索集体所有制的新的实现形式，充分发挥市场在资源配置中的决定性作用，转变发展方式，实现农业适度规模经营。二要依靠科技进步，充分运用现代农业技术和装备，加强农业科技人才队伍建设，培养新型农民，走内涵式发展道路，提高农业的全要素生产率，提升农业综合生产能力，确保粮食安全。"中国要美，农村必须美"，要求转变发展方式，改变高度依赖现代化学投入品的生产方式，实现绿色发展。"中国要富，农民必须富"，就是要让广大农民共享经济发展的成果，形成以工促农、以城带乡、工农互惠、城乡一体的新型工农城乡关系，目标是逐步实现城乡居民基本权益平等化、城乡公共服务均等化、城乡居民收入均衡化、城乡要素配置合理化及城乡产业发展融合化。

习近平总书记关于"三农"的重要论述是一个基于历史唯物主义和辩证唯物主义立场、观点和方法的深刻的科学理论体系，是回答和解决新时期"三农"重大理论和现实问题的指导思想，创造性地发展了马克思主义的"三农"理论。习近平总书记关于"三农"的重要论述是新时期指导"三农"工作的重要理论依据，是马克思主义政治经济学的当代化和中国化，是习近平新时代中国特色社会主义思想的重要组成部分。

第二章 习近平总书记的"三农"思想是打造乡村振兴齐鲁样板的根本遵循

　　我国是农业大国，重农固本是安民之基、治国之要。农业强不强、农村美不美、农民富不富，决定着我国全面小康社会的成色和社会主义现代化的质量。党的十八大以来，以习近平同志为核心的党中央高度重视"三农"工作，勇于推动"三农"工作理论创新、实践创新、制度创新，农业农村发展取得了历史性成就，发生了历史性变革，为党和国家事业全面开创新局面提供了有力支撑。党的十九大以来，习近平总书记就实施乡村振兴战略发表一系列重要讲话，在考察调研时对乡村振兴进一步提出了明确要求。习近平总书记关于乡村振兴战略的重要论述，科学回答了关于乡村振兴的一系列重大理论和实践问题，为我们指明了前进方向、提供了根本遵循。做好新时代"三农"工作、推进乡村全面振兴，就要认真学习、深入领会、全面贯彻习近平总书记关于实施乡村振兴战略的重要讲话精神，全面实施乡村振兴战略、打赢脱贫攻坚战、加快推进农业农村现代化，谱写中华民族伟大复兴的"三农"新篇章。

第一节　把乡村振兴战略作为新时代
"三农"工作总抓手[①]

一、实施乡村振兴战略是关系全面建设社会主义现代化国家的全局性、历史性任务

我一直强调，没有农业农村现代化，就没有整个国家现代化。在现代化进程中，如何处理好工农关系、城乡关系，在一定程度上决定着现代化的成败。从世界各国现代化历史看，有的国家没有处理好工农关系、城乡关系，农业发展跟不上，农村发展跟不上，农产品供应不足，不能有效吸纳农村劳动力，大量失业农民涌向城市贫民窟，乡村和乡村经济走向凋敝，工业化和城镇化走入困境，甚至造成社会动荡，最终陷入"中等收入陷阱"。这里面更深层次的问题是领导体制和国家治理体制问题。我国作为中国共产党领导的社会主义国家，应该有能力、有条件处理好工农关系、城乡关系，顺利推进我国社会主义现代化进程。

当前，我国正处于正确处理工农关系、城乡关系的历史关口。新中国成立后，在当时的历史条件和国际环境下，我们自力更生，依靠农业农村支持，在一穷二白的基础上推进工业化，建立起比较完整的工业体系和国民经济体系。改革开放以来，我们依靠农村劳动力、土地、资金等要素，快速推进工业化、城镇化，城镇面貌发生了翻天覆地的变化。我国广大农民为推进工业化、城镇化作出了巨大贡献。在这个过程中，农业发展和农村建设也取得了显著成就，为我国改革开放和社会主义现代化建设打下了坚实基础。

长期以来，我们对工农关系、城乡关系的把握是完全正确的，也是富有成效的。这些年，我国农业连年丰产，农民连年增收，农村总体和谐稳定。特别是几亿农民工在城乡之间长时间、大范围有序有效转移，不仅没有带来社会动荡，而且成为经济社会发展的重要支撑。

---

① 此节是习近平总书记在 2019 年第 11 期《求是》杂志发表的《把乡村振兴战略作为新时代"三农"工作总抓手》一文。

同时，我们也要看到，同快速推进的工业化、城镇化相比，我国农业农村发展步伐还跟不上，"一条腿长、一条腿短"问题比较突出。我国发展最大的不平衡是城乡发展不平衡，最大的不充分是农村发展不充分。党的十八大以来，我们下决心调整工农关系、城乡关系，采取了一系列举措推动"工业反哺农业、城市支持农村"。党的十九大提出实施乡村振兴战略，就是为了从全局和战略高度来把握和处理工农关系、城乡关系。

在现代化进程中，城的比重上升，乡的比重下降，是客观规律，但在我国拥有近 14 亿人口的国情下，不管工业化、城镇化进展到哪一步，农业都要发展，乡村都不会消亡，城乡将长期共生并存，这也是客观规律。即便我国城镇化率达到 70%，农村仍将有 4 亿多人口。如果在现代化进程中把农村 4 亿多人落下，到头来"一边是繁荣的城市，一边是凋敝的农村"，这不符合我们党的执政宗旨，也不符合社会主义的本质要求。这样的现代化是不可能取得成功的！40 年前，我们通过农村改革拉开了改革开放大幕。40 年后的今天，我们应该通过振兴乡村，开启城乡融合发展和现代化建设新局面。

二、坚持把实施乡村振兴战略作为新时代"三农"工作总抓手

我在党的十九大报告中对乡村振兴战略进行了概括，提出要坚持农业农村优先发展，按照产业兴旺、生态宜居、乡风文明、治理有效、生活富裕的总要求，建立健全城乡融合发展体制机制和政策体系，加快推进农业农村现代化。这其中，农业农村现代化是实施乡村振兴战略的总目标，坚持农业农村优先发展是总方针，产业兴旺、生态宜居、乡风文明、治理有效、生活富裕是总要求，建立健全城乡融合发展体制机制和政策体系是制度保障。

新时代"三农"工作必须围绕农业农村现代化这个总目标来推进。长期以来，为解决好吃饭问题，我们花了很大精力推进农业现代化，取得了长足进步。现在，全国主要农作物耕种收综合机械化水平已超过 65%，农业科技进步贡献率超过 57%，主要农产品人均占有量均超过世界平均水平，农产品供给极大丰富。相比较而言，农村在基础设施、公共服务、社会治理等方面差距相当大。农村现代化既包括"物"的现代化，也包括"人"的现代化，还包括乡村治理体系和治理能力的现代化。我们要坚持农业现代化和农村现代化一体设计、一并推进，实现农业大国向农业强国跨越。

坚持农业农村优先发展的总方针，就是要始终把解决好"三农"问题作为全党工作重中之重。我们一直强调，对"三农"要多予少取放活，但实际工作中"三农"工作"说起来重要、干起来次要、忙起来不要"的问题还比较突出。我们要扭转这种倾向，在资金投入、要素配置、公共服务、干部配备等方面采取有力举措，加快补齐农业农村发展短板，不断缩小城乡差距，让农业成为有奔头的产业，让农民成为有吸引力的职业，让农村成为安居乐业的家园。

产业兴旺、生态宜居、乡风文明、治理有效、生活富裕，"二十个字"的总要求，反映了乡村振兴战略的丰富内涵。21 世纪初，我国刚刚实现总体小康，面临着全面建设小康社会的任务，我们党就提出了"生产发展、生活宽裕、乡风文明、村容整洁、管理民主"的社会主义新农村建设总要求，这在当时是符合实际的。现在，中国特色社会主义进入了新时代，社会主要矛盾、农业主要矛盾发生了很大变化，广大农民群众有更高的期待，需要对农业农村发展提出更高要求。产业兴旺，是解决农村一切问题的前提，从"生产发展"到"产业兴旺"，反映了农业农村经济适应市场需求变化、加快优化升级、促进产业融合的新要求。生态宜居，是乡村振兴的内在要求，从"村容整洁"到"生态宜居"反映了农村生态文明建设质的提升，体现了广大农民群众对建设美丽家园的追求。乡风文明，是乡村振兴的紧迫任务，重点是弘扬社会主义核心价值观，保护和传承农村优秀传统文化，加强农村公共文化建设，开展移风易俗，改善农民精神风貌，提高乡村社会文明程度。治理有效，是乡村振兴的重要保障，从"管理民主"到"治理有效"，是要推进乡村治理能力和治理水平现代化，让农村既充满活力又和谐有序。生活富裕，是乡村振兴的主要目的，从"生活宽裕"到"生活富裕"，反映了广大农民群众日益增长的美好生活需要。

由此可见，乡村振兴是包括产业振兴、人才振兴、文化振兴、生态振兴、组织振兴的全面振兴，是"五位一体"总体布局、"四个全面"战略布局在"三农"工作的体现。我们要统筹推进农村经济建设、政治建设、文化建设、社会建设、生态文明建设和党的建设，促进农业全面升级、农村全面进步、农民全面发展。

三、坚持走中国特色乡村振兴之路

实施乡村振兴战略，首先要按规律办事。在我们这样一个拥有近 14 亿人口的大国，实现乡村振兴是前无古人、后无来者的伟大创举，没有现成的、可照抄照搬的经验。我国乡村振兴道路怎么走，只能靠我们自己去探索。

我国人多地少矛盾十分突出，户均耕地规模仅相当于欧盟的四十分之一、美国的四百分之一。"人均一亩三分地、户均不过十亩田"，是我国许多地方农业的真实写照。这样的资源禀赋决定了我们不可能各地都像欧美那样搞大规模农业、大机械作业，多数地区要通过健全农业社会化服务体系，实现小规模农户和现代农业发展有机衔接。当前和今后一个时期，要突出抓好农民合作社和家庭农场两类农业经营主体发展，赋予双层经营体制新的内涵，不断提高农业经营效率。

我国农耕文明源远流长、博大精深，是中华优秀传统文化的根。我国很多村庄有几百年甚至上千年的历史，至今保持完整。很多风俗习惯、村规民约等具有深厚的优秀传统文化基因，至今仍然发挥着重要作用。要在实行自治和法治的同时，注重发挥好德治的作用，推动礼仪之邦、优秀传统文化和法治社会建设相辅相成。要继续进行这方面的探索和创新，并不断总结推广。

要把乡村振兴战略这篇大文章做好，必须走城乡融合发展之路。我们一开始就没有提城市化，而是提城镇化，目的就是促进城乡融合。要向改革要动力，加快建立健全城乡融合发展体制机制和政策体系。要健全多元投入保障机制，增加对农业农村基础设施建设投入，加快城乡基础设施互联互通，推动人才、土地、资本等要素在城乡间双向流动。要建立健全城乡基本公共服务均等化的体制机制，推动公共服务向农村延伸、社会事业向农村覆盖。要深化户籍制度改革，强化常住人口基本公共服务，维护进城落户农民的土地承包权、宅基地使用权、集体收益分配权，加快农业转移人口市民化。

打好脱贫攻坚战是实施乡村振兴战略的优先任务。贫困村和所在县乡当前的工作重点就是脱贫攻坚，目标不变、靶心不散、频道不换。2020 年全面建成小康社会之后，我们将消除绝对贫困，但相对贫困仍将长期存在。到那时，现在针对绝对贫困的脱贫攻坚举措要逐步调整为针对相对贫困的日常性帮扶措施，并纳入乡村振兴战略架构下统筹安排。这个问题要及早谋划、早作打算。

四、为实施乡村振兴战略提供坚强政治保证

实施乡村振兴战略，各级党委和党组织必须加强领导，汇聚起全党上下、社会各方的强大力量。要把好乡村振兴战略的政治方向，坚持农村土地集体所有制性质，发展新型集体经济，走共同富裕道路。要充分发挥好乡村党组织的作用，把乡村党组织建设好，把领导班子建设强，弱的村要靠好的党支部带领打开局面，富的村要靠好的党支部带领再上一层楼。人才振兴是乡村振兴的基础，要创新乡村人才工作体制机制，充分激发乡村现有人才活力，把更多城市人才引向乡村创新创业。

在实施乡村振兴战略中要注意处理好以下关系。

第一，长期目标和短期目标的关系。实施乡村振兴战略是一项长期而艰巨的任务，要遵循乡村建设规律，着眼长远谋定而后动，坚持科学规划、注重质量、从容建设，聚焦阶段任务，找准突破口，排出优先序，一件事情接着一件事情办，一年接着一年干，久久为功，积小胜为大成。要有足够的历史耐心，把可能出现的各种问题想在前面，切忌贪大求快、刮风搞运动，防止走弯路、翻烧饼。

第二，顶层设计和基层探索的关系。党中央已经明确了乡村振兴的顶层设计，各地要解决好落地问题，制定出符合自身实际的实施方案。编制村庄规划不能简单照搬城镇规划，更不能搞一个模子套到底。要科学把握乡村的差异性，因村制宜，精准施策，打造各具特色的现代版"富春山居图"。要发挥亿万农民的主体作用和首创精神，调动他们的积极性、主动性、创造性，并善于总结基层的实践创造，不断完善顶层设计。

第三，充分发挥市场决定性作用和更好发挥政府作用的关系。要进一步解放思想，推进新一轮农村改革，从农业农村发展深层次矛盾出发，聚焦农民和土地的关系、农民和集体的关系、农民和市民的关系，推进农村产权明晰化、农村要素市场化、农业支持高效化、乡村治理现代化，提高组织化程度，激活乡村振兴内生动力。要以市场需求为导向，深化农业供给侧结构性改革，不断提高农业综合效益和竞争力。要优化农村创新创业环境，放开搞活农村经济，培育乡村发展新动能。要发挥政府在规划引导、政策支持、市场监管、法治保障等方面的积极作用。推进农村改革不可能一蹴而就，还可能会经历阵痛，甚至付出一些代价，但在方向问题上不能出大的偏差。有一条是我一直强调的，就是农村改革不论怎么改，都不能把农村土地集体所有制改垮了、把耕地改少了、把粮食生产能力改弱了、把农民利益损害了。这些底线必须坚守，决不能犯颠覆性错误。

第四，增强群众获得感和适应发展阶段的关系。要围绕农民群众最关心最直接最现实的利益问题，加快补齐农村发展和民生短板，让亿万农民有更多实实在在的获得感、幸福感、安全感。要科学评估财政收支状况、集体经济实力和群众承受能力，合理确定投资规模、筹资渠道、负债水平，合理设定阶段性目标任务和工作重点，形成可持续发展的长效机制。要坚持尽力而为、量力而行，不能超越发展阶段，不能提脱离实际的目标，更不能搞形式主义和"形象工程"。

第二节 用习近平总书记"三农"思想指导乡村振兴①

从本质上讲，实施乡村振兴战略就是要解决我国经济社会发展中最大的结构性问题，通过补短板、强底板，使我国发展能够持续健康、行稳致远、全面进步；就是要解决快速推进现代化进程中的"三农"问题，使农业农村同步现代化，防止出现农业衰落、农村凋敝；就是要贯彻以人民为中心的发展思想，使亿万农民共享现代化建设成果，使中国梦成为每个人的梦。党的十九大提出实施乡村振兴战略，并写入党章，这是重大战略安排。实施乡村振兴战略，开启了加快我国农业农村现代化的新征程。

一、深入学习领会习近平新时代中国特色社会主义"三农"思想

习近平总书记高度重视"三农"工作，党的十八大以来，对做好"三农"工作提出了一系列新理念新思想新战略，科学回答了新时代"三农"工作的重大理论和实践问题，形成了习近平新时代中国特色社会主义"三农"思想。这是习近平新时代中国特色社会主义思想的重要组成部分，是指导我国农业农村发展取得历史性成就、发生历史性变革的科学理论，也是实施乡村振兴战略、做好新时代"三农"工作的行动指南。

第一，坚持加强和改善党对农村工作的领导，为"三农"发展提供坚强政治保障。习近平总书记 2016 年在安徽小岗村农村改革座谈会上强调，党管农村工作是我们的传统，这个传统不能丢。在 2017 年中央农村工作会议上强调，要建立实施乡村振兴战略领导责任制，党政一把手是第一责任人，五级书记抓乡村振兴。

第二，坚持"重中之重"战略定位，切实把农业农村优先发展落到实处。

---

① 此节是农业农村部党组书记、部长韩长赋在 2018 年 03 月 28 日《学习时报》发表的《用习近平总书记"三农"思想指导乡村振兴》一文。

习近平总书记强调,"三农"向好,全局主动;在 2013 年中央农村工作会议上指出,中国要强,农业必须强,中国要美,农村必须美,中国要富,农民必须富;在 2017 年中央农村工作会议上再次强调,农业强不强、农村美不美、农民富不富,决定着亿万农民的获得感和幸福感,决定着我国全面小康社会的成色和社会主义现代化的质量;2015 年在吉林调研时指出,任何时候都不能忽视农业、不能忘记农民、不能淡漠农村。

第三,坚持把推进农业供给侧结构性改革作为主线,加快推进农业农村现代化。习近平总书记指出,我国农业农村发展已进入新的历史阶段,农业的主要矛盾由总量不足转变为结构性矛盾,矛盾的主要方面在供给侧。他在安徽小岗村农村改革座谈会上强调,要以构建现代农业产业体系、生产体系、经营体系为抓手,加快推进农业现代化。

第四,坚持立足国内保证自给的方针,牢牢把握国家粮食安全主动权。习近平总书记在 2013 年中央农村工作会议上指出,中国人的饭碗任何时候都要牢牢端在自己手上,我们的饭碗应该主要装中国粮;在 2013 年中央经济工作会议上指出,要坚持以我为主、立足国内、确保产能、适度进口、科技支撑的国家粮食安全战略,确保谷物基本自给、口粮绝对安全。

第五,坚持不断深化农村改革,激发农村发展新活力。习近平总书记多次主持召开中央深改小组会议审议农村改革议题,指出解决农业农村发展面临的各种矛盾和问题,根本靠深化改革;新形势下深化农村改革,主线仍然是处理好农民和土地的关系;不管怎么改,不能把农村土地集体所有制改垮了,不能把耕地改少了,不能把粮食生产能力改弱了,不能把农民利益损害了。

第六,坚持绿色生态导向,推动农业农村可持续发展。习近平总书记在中央深改小组会议审议农业绿色发展的文件时指出,推进农业绿色发展是农业发展观的一场深刻革命。强调,绿水青山就是金山银山;良好生态环境是农村最大优势和宝贵财富,要让良好生态成为乡村振兴的支撑点;农业发展不仅要杜绝生态环境欠新账,而且要逐步还旧账。

第七,坚持保障和改善民生,让广大农民有更多的获得感。习近平总书记多次指出,小康不小康,关键看老乡。在吉林调研时指出,检验农村工作成效的一个重要尺度,就是看农民的钱袋子鼓起来没有。在贵州考察时指出,党中央的政策好不好,要看乡亲们是哭还是笑;要是笑,就说明政策好;要是有人哭,我们就要调整完善。在 2017 年中央农村工作会议上指出,"大国小农"是我国的基本国情农情，要把小农生产引入现代农业发展轨道。

第八，坚持遵循乡村发展规律，扎实推进美丽宜居乡村建设。习近平总书记指出，城乡发展不平衡不协调，是我国经济社会发展存在的突出矛盾；全面建成小康社会，不能丢了农村这一头；要建立健全城乡融合发展体制机制和政策体系；新农村建设一定要走符合农村实际的路子，遵循乡村自身发展规律，充分体现农村特点，注意乡土味道，保留乡村风貌，留得住青山绿水，记得住乡愁。

这些新理念新思想新战略，系统全面、内涵丰富、博大精深、意义深远，为我们做好新时代"三农"工作提供了基本遵循，是实施乡村振兴战略、做好新时代"三农"工作的理论指引和思想武器。我们要以习近平总书记"三农"思想为指导，实现乡村振兴新目标。

二、把握好实施乡村振兴战略的总体要求和方向道路

关于乡村振兴的总要求。党的十九大在提出实施乡村振兴战略的同时，提出了实施这一战略的总要求，就是坚持农业农村优先发展，按照产业兴旺、生态宜居、乡风文明、治理有效、生活富裕的总要求，建立健全城乡融合发展的体制机制和政策体系，加快推进农业农村现代化。实施乡村振兴战略20字总要求，是"五位一体"总体布局在"三农"领域的具体体现，是新农村建设的升级版、宏观版，体现了时代的进步，回应了群众的期待。乡村振兴，落脚在实现农业农村现代化，这是一个新的重大提法，乡村振兴不仅农业要现代化，整个农村也要全面发展，不仅工农差别要缩小，城乡差别也要缩小，实现"四化同步"、工农互促、城乡共荣、一体化发展，实现乡村"五位一体"全面振兴。实施乡村振兴战略，是新时代"三农"工作的总抓手。

关于乡村振兴道路。习近平总书记在中央农村工作会议上，对实施乡村振兴战略、走中国特色社会主义乡村振兴道路作了深刻系统阐述：推进乡村振兴，必须重塑城乡关系，走城乡融合发展之路；必须巩固和完善农村基本经营制度，走共同富裕之路；必须深化农业供给侧结构性改革，走质量兴农之路；必须坚持人与自然和谐共生，走乡村绿色发展之路；必须传承发展提升农耕文明，走乡村文化兴盛之路；必须创新乡村治理体系，走乡村善治之路；必须打好精准脱贫攻坚战，走中国特色减贫之路。这"七个之路"揭示了实施乡村振兴战略的重大任务和内在规律，指明了实施乡村振兴战略的目标路径和努力方向。

三、把握好实施乡村振兴战略的基本原则

习近平总书记强调，有了好的决策、好的蓝图，关键在落实。实施乡村振兴战略，一方面，我们有过去许多成功经验，需要发扬光大；另一方面，这又是一项全新工作，需要适应新形势、解决新问题，为此要把握正确原则，采用科学方法，扎扎实实地抓落实。

切实把农业农村优先发展落到实处。实现农业农村优先发展是一个重大战略思想，最重要的是体现在两方面。一是体现在五级书记抓乡村振兴上。党的领导是我们最大的政治优势，实施乡村振兴战略是一项系统工程，是一个长期任务，涉及方方面面的工作，不是哪个部门单独就能干得了的，不加强党的领导，不发挥党管农村工作的优良传统肯定不行。只有各级党委政府真正把乡村振兴作为一把手工程，五级书记齐抓共管，把乡村振兴摆到优先位置，才能把美好蓝图变为现实。二是体现在"四个优先"上。中央农村工作会议明确提出，把农业农村优先发展落到实处，要做到在干部配备上优先考虑，在要素配置上优先满足，在资金投入上优先保障，在公共服务上优先安排，这些都要体现到制度机制上，体现到具体政策上。

推动乡村全面振兴。实施乡村振兴战略五句话20个字，"五位一体"，不仅是经济振兴，还要把农村政治、文化、社会、生态文明建设和党的建设作为一个有机整体，统筹谋划、协调推进。其一，产业兴旺是乡村振兴的重点。要从农业内外、城乡两头共同发力，大力发展农村生产力，做大做强高效绿色种养业、农产品加工流通业、休闲农业和乡村旅游业、乡村服务业、乡土特色产业、乡村信息产业，促进农村一二三产业融合发展，培育农业农村发展新动能，保持农业农村经济发展旺盛活力，为乡村的全面振兴奠定物质基础。其二，生态宜居是乡村振兴的关键。要统筹山水林田湖草保护建设，加强农村资源环境保护，大力改善水电路气房讯等基础设施，做到设施配套、服务高效，保护好绿水青山和清新清净的田园风光，保留住独特的乡土味道和乡村风貌。其三，乡风文明是乡村振兴的保障。乡村振兴不能丢了乡土文化这个魂。农耕文化是中华传统文化的源头，也可以说，农耕文明是中华文明的根。要促进农村文化教育、医疗卫生、体育健康等事业发展，提升农民科技文化素质，推进移风易俗、文明进步，弘扬农耕文明和优良传统，使农村文明程度进一步提高。其四，治理有效是乡村振兴的基础。要创新乡村治理机制，健全自治、法治、德治"三治"相结合的乡村治理体系，加强基层

民主和法治建设，加强基层组织建设，让社会正气得到弘扬，让违法行为受到惩治，使农村社会更加和谐、治理安定有序。其五，生活富裕是乡村振兴的根本。推进乡村振兴，最根本是要让农民的钱袋子进一步鼓起来，日子过得更加富裕体面。要不断拓宽农民就业增收渠道，大力推进农业产业精准扶贫，打赢脱贫攻坚战，使广大农民衣食住行无忧、生老病死无患。

尊重农民主体地位。农民是农业农村发展的主体，也是实施乡村振兴战略的主体。推进乡村振兴，是为了农民，也要依靠农民。坚持农民主体地位不动摇，要从两个方面来把握。一要考虑农民的利益。乡村是农民的立足之基、生活之本。要把促进农民共同富裕作为出发点和落脚点，让亿万农民共同分享改革发展成果，不断提升农民的获得感、幸福感、安全感。二要让农民积极参与乡村建设。今年是农村改革 40 年，这 40 年里我们搞家庭联产承包、搞乡镇企业、发展小城镇、农民工进城、土地流转、"三权分置"等，都是农民的创造。现在搞乡村振兴，各种投资主体都来了，但不能忘了农民是最重要的主体，要把他们的积极性主动性创造性调动起来、激发出来。乡村振兴干什么，怎么干，政府可以引导和支持，但不能代替农民决策，更不能违背农民意愿搞强迫命令。即使是办好事，也要让农民群众想得通。

推动城乡融合发展。实施乡村振兴战略，是"三农"特别是农民面临的重大机遇，但光靠农民自身的力量还不行，光靠农村自己的资源也不够，这就需要大量现代资源要素投入农业农村建设。要不断健全体制机制，打通城乡要素合理流动的渠道，关键是解决好"人、地、钱"三个问题。一是围绕解决好"人"的问题，培养和吸引各路人才投身乡村建设。一手抓新型职业农民培育，壮大新型农业经营主体；一手抓"招才引凤"，吸引城里人等各类人才到农村创业创新，让农村成为施展才华的广阔天地。二是围绕解决好"地"的问题，强化乡村振兴制度性供给。土地是农村的巨大财富。要创新土地收益分配机制，盘活闲置农房和宅基地，实现集体建设用地入市同地同权同价，通过建设高标准农田实现土地占补平衡、异地交易，盘活资源要素。但在这个问题上，底线一定要守住，城里人到农村买宅基地这个口子不能开，工商企业或个人下乡利用农村宅基地建设别墅大院和私人会所这类事情不能搞。三是围绕解决好"钱"的问题，强化投入支持。乡村振兴要想真刀真枪地干，就得真金白银地投。公共财政要向"三农"倾斜，逐步解决基础设施、公共服务等欠账较多的问题，加快补齐扶贫领域短板。对于工商资本下乡，一方面，要鼓励欢迎，优化环境，引导服务保护好他们的积极性。另一方面，要设立必要的"防火墙"，既防止跑马圈地，搞度假村、乡村别墅，又防止排挤农民，剥夺农民的机会和利益，老板下乡要带动老乡，不能代替老乡、富了老板、亏了老乡。

坚持从农村实际出发。中国农村的情况千差万别，各地发展的基础不尽相同，要因地制宜、精准施策，城乡有别，各美其美。重点是三个方面：一是有历史的耐心，科学规划、注重质量、从容建设。二是遵循乡村自身发展规律，注重地域特色，充分挖掘具有农耕特质、民族特色的乡土文化遗产，保护好村庄林草、溪流、山丘等特色风貌，实现城市与乡村各美其美。三是加强规划引领，实现有序推进。要坚持规划先行，树立城乡融合、一体设计、多规合一理念，统筹考虑产业发展、人口布局、公共服务、土地利用、生态保护等，增强规划的前瞻性、约束性、指导性，并且一张蓝图干到底。

第三节　确保粮食安全是实施乡村振兴战略的首要任务

2013 年 11 月 27 日，习近平总书记在山东考察时强调，"保障粮食安全是一个永恒的课题，任何时候都不能放松"。习近平总书记在参加十三届全国人大二次会议河南代表团审议时指出，"要扛稳粮食安全这个重任。确保重要农产品特别是粮食供给，是实施乡村振兴战略的首要任务"。

党的十八大以来，以习近平同志为核心的党中央始终把粮食安全作为治国理政的头等大事，高屋建瓴地提出了新时期国家粮食安全的新战略，为国家长治久安奠定了重要的物质基础，并且为维护世界粮食安全作出了重要贡献。我国粮食安全新战略发轫于 2013 年。这一年的中央农村工作会议是一次高规格布局粮食安全的重要会议，中央政治局常委全体出席，习近平总书记首次对新时期粮食安全战略进行了系统阐述。他强调粮食安全的极端重要性，"我国 13 亿多张嘴要吃饭，不吃饭就不能生存，悠悠万事，吃饭为大"。他告诫，"要牢记历史，在吃饭问题上不能得健忘症，不能好了伤疤忘了疼"。

要发挥好粮食生产这个优势。长期以来，在确保粮食丰收和有效供给中，粮食主产区发挥着非常重要的作用。粮食主产区贡献了全国约 75% 的粮食产量和 80% 左右的商品粮，其粮食生产状况直接影响着我国的粮食整体产能，在国家粮食安全中起到至关重要的作用。习近平指出："要发挥好粮食生产这个优势，立足打造全国重要的粮食生产核心区，推动藏粮于地、藏粮于技，稳步提升粮食产能，在确保国家粮食安全方面有新担当新作为。""藏粮于地"关键在于地的质量，高标准农田是保证粮食高质量生产的基础，是确保国人衣食无忧的根基所在。要结合永久基本农田划定，探索建立粮食生产功能区，建成一批优质高效的粮食生产基地，将口粮生产能力落实到田块地头，通过中低产田改造，改善农业生产条件，增强农业产出能力和抵御自然灾害的能力。"藏粮于技"关键在于科技创新。要推进以种业为重点的科技创新，加快培育一批高产稳产、附加值高、适宜机械作业及肥水高效利用的新品种，按照布局区域化、经营规模化、生产标准化、发展产业化，推广绿色增产模式，实现大面积均衡增产。

耕地是粮食生产的命根子，是粮食生产的主要载体，水泥地上种不出庄稼，没有耕地其他都是空谈。近年来，受多方面因素影响，我国耕地数量不断减少，质量也在下降。一方面，农业资源长期透支、过度开发，复种指数高、四海无闲田，资源利用的弦绷得越来越紧；另一方面，农业面源污染加重，农业生态系统退化，生态环境的承载能力越来越接近极限。要确保国家粮食安全，做到"中国人的饭碗应该主要装中国粮"，就必须切实保护耕地数量，着力提升耕地质量。习近平总书记指出，"在农村土地制度改革试点中要把好关，不能让一些人以改革之名行占用耕地之实"，还对耕地保护工作作出了重要指示："要实行最严格的耕地保护制度，依法依规做好耕地占补平衡，规范有序推进农村土地流转，像保护大熊猫一样保护耕地。"针对农民非农化和农地非农化的现象，习近平总书记指出："农民可以非农化，但耕地不能非农化。如果耕地都非农化了，我们赖以吃饭的家底就没有了。"习近平总书记指出："要强化地方政府主体责任，完善土地执法监管体制机制，坚决遏制土地违法行为，牢牢守住耕地保护红线。"在工业化、城镇化进程下，耕地占用及流转加快，必须保护耕地数量，实现耕地占补平衡，做到面积不减少、质量不下降、用途不改变，各地制定土地利用规划和城市建设规划，要避开永久基本农田，不能摊大饼式地大量占用城郊优质耕地。要强化耕地资源"量质并重"和耕地保护"质量红线"的理念，健全管理工作机制和建设补偿机制，逐步实现耕地质量管理常态化、法制化和规范化。

主产区是粮食生产的"压舱石"，2017年中央一号文件提出了进行粮食生产功能区、重要农产品生产保护区、特色农产品优势区建设，将粮食安全落实在具体地块上。要探索形成农业补贴同粮食生产挂钩机制，让多生产粮食者多得补贴，把有限资金真正用在"刀刃"上。2016 年 4 月，在农业大省安徽，习近平总书记指出，"优化技术措施，落实扶持政策，保护农民种粮积极性，着力提高粮食生产效益，努力实现粮食主产区粮食生产发展和经济实力增强有机统一、农民生产粮食和增加收入齐头并进"。保障粮食主产区权责利的平衡是国家宏观调控的重要方向，更是国家粮食安全的重大战略选择。粮食跨区域交易是在国家粮食安全受到威胁、粮食主产区种粮动力不足的背景下提出的，力求为主产区和主销区提供一个双赢的交易模式，在全国范围内实现资源优化配置。2020 年，习近平总书记对全国春季农业生产工作作出重要指示时强调，越是面对风险挑战，越要稳住农业，越要确保粮食和重要副食品安全。习近平总书记强调，当前，要在严格落实分区分级差异化疫情防控措施的同时，全力组织春耕生产，确保不误农时，保障夏粮丰收。要加大粮食生产政策支持力度，保障种粮基本收益，保持粮食播种面积和产量稳定，主产区要努力发挥优势，产销平衡区和主销区要保持应有的自给率，共同承担起维护国家粮食安全的责任。

要推进农业供给侧结构性改革。农业供给侧改革，核心要求是要围绕人的需求进行生产，提高农业供给体系质量和效率，使农产品供给数量上更充足，品种和质量更契合消费者需要，真正形成结构更合理、保障更有力的农产品有效供给。习近平总书记指出："发挥自身优势，抓住粮食这个核心竞争力，延伸粮食产业链、提升价值链、打造供应链，不断提高农业质量效益和竞争力，实现粮食安全和现代高效农业相统一。"首先要调好以种养为主的大农业生产结构。要以提升粮食等农产品供给能力、农产品质量效益和竞争力、可持续发展能力为目标，鼓励优势产区明确优质果蔬、园艺产品、畜产品等特色农产品优势区定位，并在此基础上着力建设粮食、棉花、油料、畜牧等优势特色农产品出口基地，逐步推进生产布局区域化、经营规模化、生产标准化、发展产业化。其次要加快形成粮经饲统筹、农牧结合、种养加一体、一二三产业融合的发展格局。打造以优质粮食、特色园艺、现代畜牧等优质种养业的产中环节为基础，以储藏、加工、营销、贸易为支撑，以人文回归、假日休闲、农事体验、旅游观光等为扩展的现代农业产业结构。

第三章　乡村振兴齐鲁样板战略总论

第一节　打造乡村振兴齐鲁样板的目标与思路

一、打造乡村振兴齐鲁样板的目标

要以习近平总书记对山东乡村振兴工作的具体要求为根本，牢固树立新发展理念，以"五个振兴"为抓手，提前完成国家乡村振兴的战略目标，最终实现产业强、文化昌、生态美、组织兴和农民富的全面振兴局面，在全国树立一批先行区、示范区，形成一批标杆县镇或示范村庄，通过总结模式，推广经验，对中国乡村的全面振兴起到引领带动作用。

阶段性目标：

——到 2020 年，乡村振兴取得重要进展，在充分参考国家政策体系的基础上建成一整套齐鲁样板政策体系、制度体系、标准体系和考核体系。一批县、乡、村级乡村振兴示范点成型，总结、形成一批发展经验和模式，初步形成对周边地区的示范引领。

——到 2022 年，乡村振兴取得重大突破，以点带面的乡村振兴示范作用在省内全面铺开。农业综合生产能力稳步提升，农村基础设施水平明显改善，现代特色农业示范区建设目标基本实现；城乡融合发展体制机制初步建立，城乡教育、医疗卫生、社会保障水平的差距不断缩小；农村发展环境进一步优化，农村对人才的吸引力逐步增强；乡村优秀的传统文化得到传承发展，农民精神文化需求基本得到满足；以党组织为核心的农村基层组织建设进一步加强，乡村治理体系进一步完善；党的农村工作领导体制机制进一步健全；

各部门推进乡村振兴的思路举措得以确立。

——到 2035 年，乡村振兴取得决定性进展，齐鲁样板全面形成。基本实现农业农村现代化，农业发展质量得到显著提升，基本建成农业强省，农业综合实力明显增强；农村生态环境和人居环境质量大幅提升，美丽宜居乡村基本实现；乡风文明达到新高度，乡村治理体系更加完善；城乡融合发展体制机制更加完善，农村创业就业环境得到根本改善，农村居民人均可支配收入高于全国平均水平，城乡居民共同富裕迈出坚实步伐。

——到 2050 年，乡村高水平实现振兴目标，美好乡村全面建成，农民群众高标准实现共同富裕，高水平农业农村现代化全面实现。

二、打造乡村振兴齐鲁样板的思路

打造乡村振兴齐鲁样板，要按照习近平总书记重要指示，充分发挥山东农业大省优势，依靠全面深化农村改革，激发内生发展动力，促进乡村全面振兴，即以改革促振兴，促使乡村振兴齐鲁样板的全面建成。

（一）坚持全面深化改革，以改革促振兴

打造乡村振兴齐鲁样板，需要全面深化改革，激发农村内部活力，释放改革红利，促进乡村全面振兴。改革是农业农村发展的根本动力，要深入贯彻习近平新时代中国特色社会主义思想，认真总结农村改革的历史成就和经验，坚定不移地全面深化农村改革。巩固和完善农村基本经营制度，深化农村土地制度改革，创新现代农业经营体系，完善农业支持保护制度，健全城乡融合发展体制机制，创新乡村治理体系。通过一系列改革创新实现农业农村现代化。

（二）坚持科技创新，以科技创新激发活力

打造乡村振兴齐鲁样板，要以科技创新为支撑实现农业农村现代化。完善农业农村科技创新体系，大幅提高农业农村科技创新供给能力，最终实现农业科技实力的大幅跃升。通过体制机制创新，壮大农业科技型企业，增强农业高新技术产业竞争力，激励农业新技术、新产品、新模式和新业态的不断涌现。以政策引领为手段，促进具有高科技的农业企业或农民企业家进行就业创业。依靠科技支撑农业高质量发展，提高农业生态环境，建设生态美丽家园。

（三）坚持统筹协调，协同推进乡村振兴

打造乡村振兴齐鲁样板的中心任务是推动乡村产业、文化、生态、人才、组织"五个振兴"。要协调处理好"五个振兴"之间的关系，统筹安排、协同推动乡村全面振兴。以产业振兴作为打造乡村振兴齐鲁样板的基础，推动农村产业现代化，持续增加农民收入。以人才振兴为关键，切实解决好农村缺人手、缺人才、留不住人等问题。以文化振兴为基石，充分发挥山东文化资源大省的优势，大力挖掘乡村文化功能，提升乡村文化价值，提高乡村文明程度。以生态振兴为内在要求，改善农村生产生活环境，实现乡村绿色发展，构建人与自然和谐共生的乡村发展新格局。以组织振兴为根本保障，加强农村基层党组织建设，通过基层党组织把广大农民群众凝聚起来，形成强大合力。打造乡村振兴齐鲁样板的过程中，必须注重"五个振兴"的协同性、关联性和一致性，整体部署、协调推进。

（四）坚持分类指导、因村施策，实现多元化乡村振兴模式

山东省农村量大面广，涉及不同的自然和人文分区，形成了具有显著差异的乡村发展特征，如城市近郊与远郊农村的差异，鲁西北、鲁西南、鲁中与胶东地区的差异等。因此，在乡村振兴上，也要围绕不同地区乡村发展具有的不同外在特点与内部机制，因地制宜、分类施策，提高乡村振兴道路的针对性和适应性。首先，要对村庄类型进行相对明确的划分，研究不同类型村庄的建设与培育模式。其次，根据对乡村类型划分和重要性评估，鼓励和支持多元化的发展模式。最后，还应根据乡村发展的具体进程和不同阶段，对乡村发展模式进行动态性调整，以适应农村经济社会快速转型中出现的各种问题。依据山东省地貌特征，打造"4＋5＋6"分区分级分类示范体系。以胶东、鲁中、鲁西南、鲁西北四大主体风貌区为基础设置特色化示范内容；以县级、乡级、村级、园区、重点项目五级为基础设置差异化示范任务；以城镇带动发展类、平原高效农业类、生态文化旅游类、山地林果种植类、山水休闲观光类、滨海渔业养殖观光类等六类乡村类型为基础，探索多元化乡村振兴实现路径。

（五）坚持激励与约束相结合，实施乡村振兴负面清单制度

实施乡村振兴战略，需要在进一步完善激励性支持政策的基础上，实施负面清单制度，设置一些不可逾越的红线，明确禁止和限制发展的领域，把支持政策与负面清单制度有机结合起来。例如，要严守耕地和生态保护红线，确保国家粮食安全；严格实行土地用途管制，禁止借振兴乡村之名违规改变土地使用性质；加强农民权益保护，防止侵害农民利益。

三、打造乡村振兴齐鲁样板需要处理的若干重大关系

（一）处理好短期目标与长期目标之间的关系

要遵循乡村建设的基本规律，坚持科学规划，注重质量，从容建设。优先把山东具有优势的农业产业化、农业品牌建设等做大做强，在全国范围内起到树标杆的引领作用。同时，从现在到 2050 年，乡村振兴齐鲁样板的建设要一步一步来，一步一步走。

（二）处理好顶层设计和基层探索之间的关系

山东省已经明确了打造乡村振兴齐鲁样板的顶层设计，各市县要制定符合自身实际的实施方案，科学把握乡村的差异性，因村制宜，发挥亿万农民的主体作用和首创精神，善于总结基层的实践创造。

（三）处理好市场与政府之间的关系

要进一步解放思想，推进新一轮农村改革，发挥政府在规划引导、政策支持、市场监管、法治保障等方面的积极作用。发挥市场在经济中的决定性作用，充分激发市场活力，推动形成以市场为主导的价格体制。

（四）处理好增强群众获得感和适应发展阶段的关系

要围绕农民群众最关心最直接最现实的利益问题，加快补齐农村发展和民生短板，让亿万农民有更多实实在在的获得感、幸福感、安全感，同时要形成可持续发展的长效机制，坚持尽力而为、量力而行，不能提脱离实际的目标，更不能搞形式主义和"形象工程"。

第二节　乡村振兴齐鲁样板的内涵与标准

一、乡村振兴齐鲁样板的内涵

实施乡村振兴战略是党的十九大作出的重大战略部署，是新时代"三农"工作的新旗帜和总抓手。习近平总书记参加十三届全国人大一次会议山东代表团审议时，就实施乡村振兴战略作出重要指示，要求山东充分发挥农业大省优势，打造乡村振兴齐鲁样板。2018 年 6 月，习近平总书记视察山东时就扎实推进乡村振兴战略、打造乡村振兴齐鲁样板进一步提出明确要求。打造

乡村振兴齐鲁样板是习近平总书记和党中央交给山东的一项重大政治任务，是以更高标准谋划、更高质量推进、更高层次发展，加快推进山东农业农村现代化，实现乡村全面振兴的宏伟目标。因此，乡村振兴齐鲁样板具有丰富的内涵。

（一）具有明显的山东特色

山东特色是齐鲁样板的灵魂。 改革开放以来，尤其是党的十八大以来，山东农业农村发展势头良好，从全国范围来看，具备了率先实现乡村振兴的条件。因此，山东要充分立足自身优势，在打造乡村振兴齐鲁样板的过程中，立足山东实际，凸显山东特色，打上"山东烙印"。一是使农业更强，实现山东由农业大省到农业强省的转变。山东以占全国6%的耕地和1%的淡水资源，贡献了8%的粮食产量、9%的肉类产量、12%的水果产量、13%的蔬菜产量、14%的水产品产量和19%的花生产量，农产品出口总额占全国的24%，但山东农业"大而不强"的现象依然存在，因此，山东要积极推动农业"新六产"建设，实现农业提质增效和产业融合发展，率先实现农业产业现代化。二是陆海联动。山东拥有3024千米的海岸线，毗邻海域面积约15.95万平方千米，山东要推动乡村振兴战略与海洋发展战略的统筹结合，以打造"海上粮仓"为核心建设现代海洋产业体系，借助海洋和港口优势，实现陆地经济与海洋经济的良性循环。三是粮食作物与经济作物并重。以国家粮食安全为根本，在打造乡村振兴齐鲁样板的过程中，山东既要发挥保障国家粮食安全的重要作用，也要成为全国重要的经济作物产地和集散地。四是形成以儒家文化为核心、以农耕文化为基础、以红色文化为灵魂的齐鲁文化。山东是儒家文化的发源地，具有优秀的传统农耕文化（胶东文化、泰山文化、黄河文化等），更是沂蒙山精神等红色文化的诞生地，文化资源丰富。在打造乡村振兴齐鲁样板的过程中，山东要充分利用自身文化优势，打造齐鲁文化高地。

（二）体现全面振兴的思想

全面振兴是齐鲁样板的根本。 乡村"五个振兴"是不可分割的有机整体，它们相互联系、相互依赖、相互促进，其目的是增进农民福祉，实现农业强、农村美、农民富。打造乡村振兴齐鲁样板要推动"五个振兴"的全面落实，成为全面实现"五个振兴"的典范。实现产业振兴，发挥山东农业产业从生产、加工到进出口的一条龙优势，激发乡村产业全面振兴活力。通过一二三产融合发展，增强产业发展的内生动力，做大、做优、做强农村产业，在全国率先实现农村全产业链现代化，打造产业全面振兴典范。实现人才振兴，培养和造就一大批符合时代要求、具有山东特色、能够引领和带动乡村全面振兴的乡村人才，可以依托山东的人文优势、地理优势等，通过多种模式、多种途径的人才引进方式实现乡村人才振兴，全面满足乡村振兴的战略要求，打造人才全面振兴典范。实现文化振兴，以儒家文化为核心，以农耕文化为基础，以红色文化为灵魂，通过树立典范和榜样，培育乡村的文明乡风、良好家风、淳朴民风。通过实现乡村公共文化服务标准化、城乡文化建设一体化，形成齐鲁乡村文明新风尚，焕发乡村文明新气象。实现生态振兴，以发挥山东不同地区的生态优势为目标，打造平原、山地各据一方、陆海统筹、海陆联动的生态优化系统，实现农村生态环境系统健康、农业生产环境系统健康、农村人居环境系统健康，打造多种模式的生态振兴典范。实现组织振兴，通过发挥党组织引领带动作用，增强群众的向心力和凝聚力，在多地树立不同类型的"三治"融合典范，以构建新型乡村治理体系为目的，实现治理能力的现代化，树立组织振兴典范。

（三）发展模式多元化

多元化是齐鲁样板的优势。山东省地貌、气候多样，各地资源禀赋、文化特色和区位差异明显。以地形地势为例。山东东部波状丘陵区居多，胶东半岛东南临靠宽阔的黄海；中南部为沂蒙山地丘陵；西部、北部是鲁西北平原区。山东省全省主要有中山、低山、丘陵、台地、盆地、山间平原、黄河冲积扇、黄河三角洲等九种地貌类型，其中平原面积最大，约占全省总面积的 55%，山地占 15.5%，丘陵占 13.2%，洼地占 4.1%，湖沼平原占 4.4%，其他约占 7.8%。地形地貌、资源禀赋和区位的巨大差异决定了在打造乡村振兴齐鲁样板的过程中，不可能遵从单一的发展方式和发展模式，必须要因地制宜，以多元化的发展方式和路径实现乡村振兴。目前，山东已经形成了安丘现代农业高质量发展模式、曲阜文化振兴引领模式、莱芜"农村生活污水与改厕一体化"生态振兴模式、曹县"互联网＋"电商产业带动模式、平度"智汇平度"人才振兴模式、烟台"党建示范区"组织振兴模式等模式助力乡村振兴。多元化发展既是打造乡村振兴齐鲁样板的核心，也是打造乡村振兴齐鲁样板的出路。

（四）形成制度化的长效机制

长效机制是齐鲁样板的保证。打造齐鲁样板，必须搭建乡村振兴齐鲁样板的"四梁八柱"。山东坚持乡村产业、人才、文化、生态、组织"五个振兴"同步推进，乡村振兴"1＋1＋5"政策体系。第一个"1"即山东省委

2018 年一号文件对全省实施乡村振兴战略作出全面部署。第二个"1"即 1 个规划，形成乡村振兴齐鲁样板的"13613"框架体系。其中"1"是指打造一个样板引领；"3"是指实施村庄发展"三步走"战略；"6"是指实施农业综合生产能力提升、农业"新六产"发展等六大重点工程；"13"是指实施农业科技"展翅"、现代农业经营体系培育、乡村人才振兴等 13 项专项行动。"5"即制定乡村产业振兴、人才振兴、文化振兴、生态振兴、组织振兴的五个方案。推动乡村全面振兴、打造具有示范作用的齐鲁样板是一个长期过程，必须通过一系列长效的、可持续的、制度化的安排，为"五个振兴"提供全面保障，以制度激活内生发展动力，实现打造齐鲁样板的终极目标。

（五）通过引领示范推动乡村全面振兴

示范推动引领齐鲁样板的航向。打造乡村振兴齐鲁样板必须顺应乡村发展的规律和演变趋势，既要突出区域差异进行科学布局，又要考虑不同地区资源禀赋和乡村振兴基础的差异。以胶东、鲁中、鲁西南、鲁西北四大主体风貌区为核心构建四区示范体系，通过突出胶东地区海滨山丘特色、鲁中地区黄河山区特色、鲁西南孔孟平原特色以及鲁西北黄河口滩区特色，差异化设置示范内容，打造出精彩纷呈的乡村振兴齐鲁画卷，通过以点带面和引领示范推动山东乡村的全面振兴。山东规划构建"4 + 5 + 6"分区分级分类示范体系：依据山东省地貌特征，以胶东、鲁中、鲁西南、鲁西北四大主体风貌区为基础设置特色化示范内容；以县级、乡级、村级、园区、重点项目五级为基础设置差异化示范任务；以城镇带动发展类、平原高效农业类、生态文化旅游类、山地林果种植类、山水休闲观光类、滨海渔业养殖观光类等六类乡村类型为基础，探索多元化乡村振兴实现路径。通过构建乡村振兴分类分区分级示范体系，一方面创建乡村振兴示范县、乡、村，探索多元化的乡村振兴模式和成功经验，高标准打造示范样板，以点带面地推动全省乡村振兴；另一方面更好地突出因地制宜、分类施策、聚合资源、集成力量，补齐短板、做强弱项，打造优势互补、协调联动、服务共享的发展共同体。

（六）形成可复制可推广的发展经验和模式

可复制可推广是打造齐鲁样板的目标。习近平总书记给山东布置这项"作业"，就是要山东探索出可复制可推广的模式和路子，通过齐鲁样板造福全国人民，而不是仅仅造福山东。打造乡村振兴齐鲁样板，要从全国范围内承担起探路子、创经验、树样板的重任，为全国乡村振兴战略的实施起到示范引领作用。这既是山东打造齐鲁样板工作的要求，也是山东的责任，因此，必须要形成一批在全国范围内可复制可推广的经验和模式。从目前发展现状看，胶东半岛和鲁东地区已经形成了一批基础良好、发展水平较高的乡村，已经积累了一定的发展经验和模式，要注意模式的总结与推广。鲁西南、鲁西北等基础薄弱、资源匮乏的地区应借打造齐鲁样板的东风奋起直追，树立起平原地区、较落后地区打造齐鲁样本的新模式与新经验。同时，在打造乡村振兴齐鲁样板的过程中，山东各级政府应及时归纳总结，为全国其他具备类似条件的地区提供可推广可复制的经验与模式，这也是打造乡村振兴齐鲁样板的应有之义。

二、乡村振兴齐鲁样板的标准

实施乡村振兴战略，打造乡村振兴齐鲁样板，就是要坚持农业农村优先发展战略，全面落实党的十九大报告中提出的 20 字总要求，即"产业兴旺、生态宜居、乡风文明、治理有效、生活富裕"，建立健全城乡融合发展体制机制和政策体系，实现农业农村全面现代化。

产业兴旺，就是要以激发乡村振兴活力、增强发展内生动力为目标，做大、做优、做强农村产业，实现农村产业现代化。依靠科技进步和制度创新，实现农业生产方式转变、小农户与现代农业有机衔接和农村一二三产业融合发展，从而形成兴旺发达、绿色安全、优质高效、具有竞争力的现代乡村产业体系。一是以现代农业发展的装备和技术为支撑，实现农业综合生产能力的大幅提升；二是农业"新六产"体系的建立和完善，使农业"新六产"对农民增收贡献率显著提高；三是构建面向现代农业发展、具有国内领先水平和国际较强竞争力的新型农业科技创新体系；四是形成以农业合作社、家庭农场等新型农业经营主体为核心的现代农业经营体系；五是加大农业领域"山东标准"建设，形成一批初具规模、在全国范围内具有影响力的"山东品牌"；六是在全国率先形成全方位、宽领域、多层次的农业开放合作新格局。

生态宜居，就是要坚持人与自然和谐共生的原则，树立和践行绿水青山就是金山银山的理念，落实节约优先、保护优先、自然恢复为主的方针，统筹山水林田湖草系统治理，实现农村生态环境系统健康、农业生产环境系统健康、农村人居环境系统健康。一是持续改善农村人居环境，建成美丽乡村；二是实现农业绿色发展，走产出高效、产品安全、资源节约、环境友好的可持续发展道路；三是促进乡村自然生态系统功能和稳定性全面提升，持续改善生态环境质量；四是提高自然资源的科学利用水平，提高生态保护与修复综合效益，实现生态资源价值。

乡风文明，就是要坚持以社会主义核心价值观为引领，打造以儒家文化为核心，以农耕文化为基础，以红色文化为灵魂的各具特色、多点分散的新格局，培育文明乡风、良好家风、淳朴民风，实现城乡公共文化服务标准化、均等化，形成齐鲁乡村文明新风尚，焕发乡村文明新气象。一是形成以多种形式为支撑的乡村文化振兴公共服务平台；二是形成具有一定规模、素质较高、能力较强的专业文化人才队伍；三是发展一批有特色、有吸引力和影响力的文化产业。

治理有效，就是要把夯实基层基础作为固本之策，建立健全党委领导、政府负责、社会协同、公众参与、法治保障的现代乡村社会治理体制，实现乡村治理体系和治理能力的现代化。一是建成坚强有力的农村基层党组织，突出政治功能，基层党组织的组织力大幅提升，战斗堡垒作用持续增强；二是实现多元治理主体参与、"自下而上"和"自上而下"相结合的协同治理体制机制；三是形成自治、法治、德治"三治"融合的现代治理体系；四是建设组织化、现代化的善治乡村，确保乡村社会充满活力、安定有序。

生活富裕，就是要坚持在发展中保障和改善农村民生，围绕农民群众最关心、最直接、最现实的利益问题，加快补齐农村民生短板，满足农民群众日益增长的民生需要，把乡村建设成为幸福美丽新家园，让农民群众有更多实实在在的获得感、幸福感。一是促进农民持续增收；二是改善农村基础设施，实现城乡互联互通；三是统筹城乡公共服务体系建设，实现城乡基本公共服务均等化；四是以更加有力的举措、更加集中的支持、更加精细的工作，深入推进精准扶贫精准脱贫，实现现行标准下农村贫困人口的全部脱贫。

第三节　山东打造乡村振兴齐鲁样板的优势与短板

一、山东打造乡村振兴齐鲁样板的有利条件

山东的自然环境和地理位置优越，既有适宜种植优势粮食作物的平原地区，也有适宜种植瓜果蔬菜的丘陵地带，还有适合水产养殖的广袤海洋。依托区位优势，山东作为农业大省，农业农村发展一直走在全国前列。改革开放以来，尤其是党的十八大以来，在习近平新时代中国特色社会主义思想指引下，山东的经济社会发展取得一系列积极成就，创造了不少农村改革发展经验，为全国农业农村发展作出了突出贡献，为打造乡村振兴齐鲁样板奠定了坚实基础。

（一）山东经济实力不断增强，为打造乡村振兴齐鲁样板提供坚实基础

山东省经济总量多年来位居全国前三，是经济大省。尽管自金融危机以来，经济增速有所放缓，但仍有较强的增长后劲。2019 年，地区生产总值突破 7 万亿元，达到 7.11 万亿元，比上年增长 5.5%，人均地区生产总值达到 7.0653 万元。2019 年，山东城镇居民人均可支配收入和农村居民人均可支配收入分别达到了 4.2329 万元和 1.7775 万元，位居全国前列。总体上看，山东经济社会发展和人民生活处于较高水平，正是"工业反哺农业，城市支持农村"的好时期，能够有资金有财力支持打造乡村振兴齐鲁样板工程。

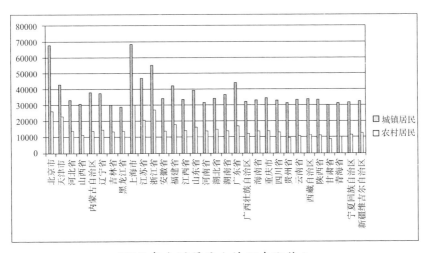

2018 年全国居民人均可支配收入

（二）农业发展质量稳步提升，农业综合生产能力显著增强

党的十八大以来，山东农业发展在新旧动能转换过程中开始向追求高质量发展的方向转变。农业增加值位居全国第一，农林牧渔业总产值接近万亿元大关。粮食总产量连续多年稳定在 900 亿斤以上，蔬菜、水果、肉类、水产品等主要农产品产量均居全国前列。农产品品牌建设实现新突破，优质绿色农产品比重持续增加，在全国率先推出"齐鲁灵秀地、品牌农产品"省级农产品整体品牌形象，启动农产品"双证制"管理，"三品一标"企业、产品分别达到 3561 家、7508 个。农业科技创新迈出新步伐，物质技术装备条件极大改善，农作物耕种收综合机械化率达到 83%，农业科技进步贡献率达到 63.27%。农村一二三产业交叉融合，农业"新六产"的框架布局基本形成，农村电商、定制农业等新产业新业态蓬勃发展。

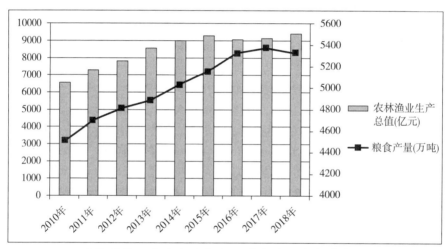

主要年份山东省农林牧渔业总产值和粮食总产量

（三）农村改革取得积极成就，农业农村现代化步伐加快

山东省率先突破改革，积极推进农村集体产权制度改革试点，农村集体产权制度改革试点县（市、区）达到 42 个。启动农村"两权"抵押贷款试点，建立农村产权交易中心，形成县乡村三级联动运作模式。农村集体土地承包经营权确权登记颁证任务基本完成，农村土地承包经营权流转面积达到家庭承包耕地面积的 34%，土地经营规模化率达到 40% 以上。稳步扩大特色农产品目标价格保险试点范围，农产品价格形成机制不断完善。农业规模化经营和农业机械化水平不断提高，新型农业经营主体发展壮大，2018 年，全省规模以上龙头企业达到 9600 家，农民合作社 19.8 万家，家庭农场 6 万家，农业社会化服务组织超过 21 万个。

（四）各类人才迅速发展，为实施乡村振兴积累了人才优势

一是新型职业农民发展迅速。"十二五"期间，山东省培训农民 1000 万人次，其中培育新型职业农民 7 万人。截至 2018 年底，累计培育新型职业农民 14 万人。二是新型农业经营主体快速发展。2018 年，山东省农民合作社发展到 19.8 万家，家庭农场 6 万家，规模以上龙头企业 9600 多家，农业社会化服务组织达到 21 万个。三是农业科技经营管理人才快速发展。据不完全统计，截至 2017 年，山东省市级以上农业科教机构中拥有科研人才 8000 多人；4782 家农技推广机构中实有农技人员 2.9 万人，全省农村实用人才总量达到了 225.6 万人。四是农业农村信息科技人才发展迅速。电商人才发展迅速，自 2015 年以来，山东省农业农村厅共计组织培训 4880 余人，全省农业系统共计举办各类农产品电商培训班 800 余期，累计培训人数达 12 万余人，实现电商创业 2.5 万余人。农业信息工作队伍发展迅速，山东省农业信息工作队伍有 4200 多人，其中，专职管理人员 470 多人，计算机网络技术人员 560 多人，信息服务人员 3500 多人。在全省 134 个农业县中，已开展了不同层次信息进村入户工作，已完成村级站 30478 个，乡镇级中心站 2320 个。在农村经纪人、种养经营大户、中介组织以及村、组干部（包括大学生村官）中发展农村信息员，全省累计培训 5.5 万多人，8 万多个自然村都有了信息员。五是返乡创业人才发展迅速，通过一系列政策支持和实际行动，使返乡创业人才获得良好发展。六是"第一书记"队伍建设成效显著。2012 年，山东省选派 2.6 万名"第一书记"，深入 1.8 万个基层单位抓党建促脱贫。2018 年，全省有在岗"第一书记"10962 名，实现对省扶贫工作重点村和党组织软弱涣散村的全覆盖，把贫困人口最多的 2000 个村全部派上"第一书记"。2018 年，全省完成了 2000 个扶贫工作重点村支部书记培训任务。

（五）生态治理成效凸显，农村人居环境极大改善

山东省一直重视美丽乡村建设，加快推进农村道路、厕所、供暖、供电、学校、住房、饮水"七改"工程建设，农村基础设施和人居环境得到明显改善。全省基本形成以县道为骨架、乡道为支线、村道为脉络的农村公路网络体系，实现了与国省干线公路以及城市道路的有效对接互通，在"村村通"的基础上启动农村道路"户户通"工程。农村垃圾污水治理水平显著提高，实现城乡环卫一体化所有村庄全覆盖，形成了成熟的"户集、村收、镇运、县处理"垃圾处理模式，"建设运营一体、区域连片治理"的污水治理模式初步形成。大力推进农村危房改造，累计改造危房近 40 万户，建档立卡贫困户危房改造任务基本完成。

（六）脱贫攻坚工作取得决定性进展，贫困人口大幅减少

自打赢脱贫攻坚战以来，山东建立了五级书记抓、党政一起上的脱贫攻坚领导体系。通过省负总责、市抓推进、县乡抓落实的责任体系，建立起多渠道全方位的监督体系和最严格的考核评估体系。全省各级共选派 4 万多名"第一书记"驻村抓党建促脱贫攻坚，8600 家企业开展结对帮扶。聚焦深度贫困地区和老弱病残特殊贫困群体，以前所未有的力度推进脱贫攻坚，黄河滩区居民迁建规划获得国家批复，易地扶贫搬迁工作成效显著。五年累计实现 500 多万省标以下贫困人口稳定脱贫，贫困发生率由 7.2% 下降到 0.3%。

（七）乡村文化工作稳步推进，繁荣乡村文化取得积极效果

一是基层公共文化服务体系日趋完善，阵地服务平台作用明显。村级综合性文化服务中心面貌焕然一新，基层文化阵地已成为满足民众美好生活新期待的重要阵地。二是文化人才队伍建设逐渐加强。在文化艺术团体方面，截至 2017 年，全省已发展 20 万人的群众文化辅导团队、5600 家庄户剧团、30 余万支业余文体队伍，有 45 万名业余文体工作者，长期活跃在基层，促进了农村文化的繁荣和发展。在基层文化人才培养方面，面向村镇基层人才实施了"齐鲁文化之星工程"。这项工程每 2 年评选一次，每次选拔人员 300 名左右，入选培养期 3 年，培养期内每人每年获得资助 10000 元。三是文化惠民工程和服务效能全面提升。山东省从 2012 年开始，已连续 6 年，由省委宣传部牵头，会同省财政厅等有关部门，以"文化惠民、服务群众"办实事为载体，坚持小切口、实打实和群众直接受益的原则，全力推进基层文化基本设施、基本队伍、基本服务、基本保障建设，为丰富基层群众精神文化提供了强有力支撑。四是齐鲁优秀传统文化传承创新工程稳步推进。自 2013 年以来，山东深入贯彻落实习近平总书记关于"继承和弘扬中华优秀传统文化"等重要指示精神，对优秀传统文化进行创造性转化、创新性发展，着力挖掘和升华其含蕴的"中华民族的基因、文化血脉、精神命脉"，赋予其崭新的时代内涵，使其与现代生活深度融合，转化为人们的行为规范。

（八）乡村治理水平进一步提升，农村稳定和谐局面更加巩固

山东深入推进农村普法全覆盖，弘扬社会主义核心价值观，农村法治和道德建设水平明显提升。一是推进过硬支部建设，农村基层党建工作取得明显成效。二是全面推行村级重大事项民主决策、民主管理、民主监督，落实

"四议两公开"、党务村务财务公开、村干部"小微权力清单"等制度，有效保障了村民参与村庄管理的权利。三是加强农村法治体系建设，实施"雪亮工程"，开展"民主法治示范村"创建活动。四是加强农村德治体系建设，开展"四德工程"示范县创建，实现行政村善行义举"四德榜"全覆盖。狠抓移风易俗工作，杜绝不良风气在农村的传播，农村生活基本面貌得到改观，乡村治理能力和水平不断提高，农村稳定和谐局面更加巩固。

（九）创新体制机制，城乡进一步融合发展

山东省一直重视城乡一体化发展，以人为核心的新型城镇化水平稳步提升，全省常住人口、户籍人口城镇化率分别达到60%和50%以上。城乡居民收入比持续缩小，农村居民人均可支配收入增速连续七年高于城镇居民。农村公共服务不断完善，整合建立起全省统一、城乡一体的居民基本医疗保险制度，医疗保险待遇水平稳步提升；推进城乡居民养老保险整合，在全国率先建立起省、市、县三级完整的居民养老保险制度体系；推进县域义务教育优质均衡发展，优质教育资源向农村和贫困地区延伸。

（十）先行探索，已经形成可推广可复制的经验与模式

山东省各地依托地区资源禀赋和发展条件，从产业振兴、人才振兴、生态振兴、文化振兴以及组织振兴等方面着手，探索出了一系列发展模式，并取得了显著的成效，为其他地区推进乡村振兴战略提供了参考和借鉴。如：以安全为核心、以优质为导向、以效益为根本的"安丘现代农业高质量发展模式"；以"文化＋"引领乡村产业发展、发扬传统文化提升乡村善治水平的"曲阜文化振兴引领模式"；坚持绿色理念、坚持因地制宜、坚持集中整合的"莱芜区农村生活污水与改厕一体化生态振兴模式"；强化政府作为、突出政策引导，引导产业集聚、推进集群发展，鼓励网商带动、发挥示范作用的"曹县电商产业带动模式"；加强乡村领军人才培育聚集、鼓励乡村人才智力回归、持续提升乡村人才素质、优化乡村人才发展环境的"平度智汇平度人才振兴模式"；创建农村党建示范区、创建治理有效村庄、创建党群连心品牌、提升村党组织引领能力的"烟台党建示范区组织振兴模式"。

总之，山东经过多年的发展，为打造乡村振兴齐鲁样板积累了一系列优势，经济社会各方面发展良好，尤其是农业农村发展水平在全国范围内已经处于较高水平。同时，山东东中西的差异和布局，使乡村全面振兴拥有巨大的潜力和空间。山东过去在农业农村发展的先行探索，形成了良好的经验、多元化模式，为打造乡村振兴齐鲁样板提供了制度优势和借鉴。

二、山东打造乡村振兴齐鲁样板面临的问题与挑战

在肯定山东推动农业农村发展取得一系列成就,具备打造乡村振兴齐鲁样板的同时,由于山东省传统经济增长动力逐步减弱,新经济规模偏小、新产业占比低,各种全局性和局部性、长期性和短期性的问题相互叠加,社会经济发展面临的环境更加复杂,经济发展不平衡、不充分的矛盾日趋突出等原因,山东省在打造乡村振兴齐鲁样板当中也累积了一些长期以来待解决未解决的问题。

(一) 人口老龄化与人才缺乏

一是人口老龄化的问题。山东省已经进入了中度老龄化社会,山东省60岁及以上老年人口占总人口的比重高出全国平均水平4个百分点,居全国之首,其中,农村老年人口达到1070.47万人,略高于城镇老年人口,约占山东省总老年人口的50.1%。人口老龄化、农村地区人员加速向城市流动导致农村地区不可避免的衰落。一方面,人口流失导致农村地区经济发展缓慢,由于人口较少,基础设施建设的成本变大,建成后又会造成闲置浪费的局面,农村基础设施建设面临两难。另一方面,人口向城市集聚还导致农村各类人才的紧缺,现有人才队伍难以满足乡村发展的需要。此外,人口老龄化还使得家庭和社会负担加重,从社会抚养比的角度来看,尽管缺少依据乡村的统计数据,但2018年山东全社会抚养比为49.5,高于全国水平(40.4),其中老年人口抚养比为22.5,而同年广东、江苏、浙江的总抚养比分别为33.64、38.94、36.39,老年人口抚养比分别为11.04、19.86、17.71。人口老龄化对山东经济社会发展的压力必将是长期和持续的,同时也会对乡村的全面振兴产生压力。

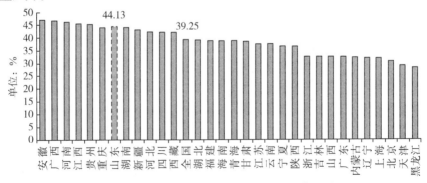

2017年全国和各省市、自治区社会抚养比情况

二是人才总量不足的问题。山东省农业领域普遍面临人才匮乏难题。山东省农业生产经营人员约 2755 万人，其中农村实用人才的数量约 220 万，占比仅约 8%。另外，山东省农机合作社普遍面临人才匮乏问题，省内经营管理人员缺乏，专业技术人员仅 1.5 万人，仅占合作社从业人员的 13%，懂经营、有技术、会管理的复合型人才更少。省内人才结构也存在不合理现象，主要表现在农业生产经营和管理人员的老龄化特征明显、高素质人才不足、女性经营人员占比高于全国平均水平等。同时，山东乡村年轻后备力量缺乏，农技推广人才"青黄不接"。

三是现有人才队伍素质有待提高。山东省内新型经营主体素质有待提高，专业人才匮乏，尤其是目前既熟悉农业又精通信息技术的复合型人才严重稀缺。2016 年，山东省在全省范围内开展了第一次全口径、实名制的人才资源统计调查工作，全面摸清了山东人才资源的"家底"。此次调查数据表明，2015 年，山东省农村实用人才中，从产业构成看，粮食、蔬菜、水果等传统产业的农村实用人才占多数，分别为 53.9%、13.8%、7.0%，回报率高的新型农业经济领域的人才缺乏。

四是人才管理机制有待完善。乡村人才振兴涉及人才种类繁多，因此，对这些人才的界定工作一直比较缺失，进而基于界定开展的统计工作也基本没有得到应有的重视。梳理山东省统计相关公报，发现基本不存在农业农村人才的统计。在工作机制方面，以能力和业绩为导向的农业科研人才分类评价机制尚未建立，以推广业绩和服务对象满意度为基准的农技推广人员评价机制还不完善，"招人难、留人更难"现象比较明显。

（二）财政负担较重与财政缺口较大

打造乡村振兴齐鲁样板，实现乡村全面振兴的宏伟目标要多点发力，目前山东省仍存在财政负担变重、财政缺口较大的制约。从产业振兴的角度看，山东还面临着农业生产的基础条件有待改善、现代化农业水利设施急需完善等问题。从人才振兴的角度看，人才总量的不足需要吸引大量的优秀优质人才投入乡村建设，势必需要提高相关人才的待遇、加强对人才的培训工作、建立相关体制机制。从文化振兴的角度看，农村地区公共文化设施建设的投入不足，文化基础设施落后，现有资源尚未得到有效利用的问题仍然突出。从生态振兴的角度看，生态振兴三大领域面临多重任务：森林生态系统保护、建设及修复，耕地资源保护和质量提升，农业废弃物资源化利用，农村生活污水治理等任务资金需求量大。从组织振兴的角度看，需要加大资金保障和服务供给力度，加快提升乡村组织能力，尤其是针对经济相对落后、村级财政困难的村庄既要"输血"，也要"造血"。总之，乡村振兴方方面面都需要资金的支持，势必会增加财政负担。而从一般公共预算收入和一般公共预算支出来看，2018 年山东一般公共预算收入 6485.4 亿元，一般公共预算支出10679.76 亿元，缺口达 4194.36 亿元。财政缺口较大和依赖土地财政的问题，会限制乡村振兴各项工作的展开。

（三）自然资源的供需失衡与匹配不足

首先是水资源的问题。山东是农业大省，农业灌溉对水资源的需求十分大。而在水源来源上看，山东省高度依赖地下水，特别是平原、丘陵等粮食主产区，依赖地下水的灌溉率达到了 64.7%，远高于东部 36.9% 和全国30.5% 的水平。受制于地理环境，山东省境内除黄河外并没有较大的表面水体，这一定程度上会影响山东农业的可持续发展。二是土地资源的问题。在严守耕地和生态保护红线的前提下，在农村土地改革尚面临一系列限制和约束的情况下，如何满足乡村振兴对土地的需求也是一个急需解决的问题。农村集体建设用地入市仍处于试点阶段，仅局限在少数试点县，集体经营性建设用地在集体建设用地总量中所占比重只有 10%。集体建设用地主体部分——宅基地的流转制度改革仍未取得突破，宅基地的交易条件和范围仍然受到严格的约束，宅基地及地上附着的农民房屋都成为集体经济组织"沉睡"的资产。从实地调研的情况看，很多产业的用地需求得不到满足。三是现有生态资源数量和质量依然有待提升，特别是森林等植被覆盖率依然不高，原有森林生态效益和生态价值没有得到充分发挥，低效林亟待更新和提升。

（四）基础党组织的功能弱化与治理困境

一是农村基层党组织面临治理困境，难以有效发挥领导核心作用。基层党组织的政治引导力、组织覆盖力、社会号召力存在明显弱化，基层组织的行政化倾向依然严重，使得基层党组织的群众凝聚力、发展推动力大打折扣；另外，党内组织活动的非制度化以及治理人才的缺乏，导致基层党组织涣散和功能弱化。二是农民参与自治的意愿不够强烈，乡村自治的制度化规范化流于形式。但从山东省各地开展村庄自治的实践来看，在民主选举中，事不关己心态严重、参与意愿不高，在一些村庄甚至存在程度不等的贿选现象；民主协商中，存在选择性、随意性协商现象；民主决策中，基层自治组织擅自"为民作主"；民主管理中，存在村规民约和村民自治章程的制定程序不规范，宗族、派性势力干扰村务管理的现象时有发生；民主监督中，存在村务不公开、假公开等现象，村务监督委员会履职困难，作用不明显。三是乡村社会组织发育缓慢，依然游离于乡村社会治理边缘。在乡村自治思路下，城市社会组织的触角没有延伸至农村，农村中"一切以经济为中心"的发展思路，造成对经济以外的社会、文化、生态和公共服务需求的长期漠视；缺乏社会服务与文化公益类组织滋生、生长的土壤，造成乡村社会组织发育相对缓慢。近年来，随着经济社会的发展和农民对美好生活的需要，山东省一些新生社会组织开始发育成长起来，但在目前村"两委"主导的乡村治理体系中，新生社会组织要么被排挤在村庄治理体制之外，要么被控制在村"两委"的主导之下，很难作为独立的治理主体参与到乡村治理中。四是对新时代乡村社会治理领域面临的新问题，尚缺乏良好的应对之策。中国特色社会主义进入新时代，我国社会主要矛盾已经转化为人民日益增长的美好生活需要和不平衡不充分的发展之间的矛盾，这种不平衡不充分在农村的表现之一就是乡村现有的社会治理体系和治理能力跟不上农村经济社会发展的实际需要，特别是针对乡村社会领域面临的新问题，尚缺乏足够的关注及良好的应对之策。

第二篇　乡村振兴齐鲁样板之经典模式

习近平总书记对山东的发展十分关心，2008 年在山东视察时就曾到了诸城、寿光等地；2018 年又两次在讲话中提出并肯定了"诸城模式""潍坊模式""寿光模式"三个模式。习近平总书记参加十三届全国人大一次会议山东代表团审议时指出，"改革开放以来，山东创造了不少农村改革发展经验，贸工农一体化、农业产业化经营就出自诸城、潍坊，形成了'诸城模式''潍坊模式''寿光模式'"。

2019 年 2 月 17 日，山东省委书记、省人大常委会主任刘家义参加省十三届人大二次会议潍坊代表团审议。他强调，"诸城模式""潍坊模式""寿光模式"在潍坊和全省农业农村发展史上发挥了重要作用，要深入学习贯彻习近平新时代中国特色社会主义思想，认真贯彻落实习近平同志视察山东重要讲话、重要指示批示精神，以敢为人先、敢闯敢试的劲头，在新的时代背景下，进一步深化、拓展、创新、提升"三个模式"，为打造乡村振兴齐鲁样板作出潍坊贡献，推动高质量发展，实现新突破。

刘家义书记就创新提升"诸城模式""潍坊模式""寿光模式"提出明确要求。他说，"三个模式"具体表现形式有所区别，但其本质是推动农业生产要素更大范围、更高层次的优化配置；方向是提高农业产业化水平、推动农业高质量发展；关键是坚持问题导向、大胆改革创新；归根结底就是解放生产力、发展生产力。创新提升"三个模式"，是新时代山东和潍坊的使命担当，有着迫切的实践需求，必须结合新的时代条件，赋予其新内涵、新标准、新要求。一是在产业升级上，注重全面、多样化、高质量发展，抓住用好国家农业开放发展综合试验区、全国蔬菜质量标准中心落户潍坊的重大机遇，坚持国际视野、全国定位、一流标准，不断提高潍坊农业市场竞争力和国际竞争力。二是在美丽乡村建设上，注重规划引领、特色发展、生态宜居，努力蹚出一条新路。三是在城乡融合发展上，注重生产方式与生活方式同步提升，让广大农民享受到高标准的基础设施服务和高质量的教育、医疗、社保、文体等公共服务。四是在促进农民增收上，注重构建长效机制，培育壮大新型职业农民队伍，着力增强农民造血功能。五是在农村基层治理上，围绕新时代农村治理中出现的新问题，充分发挥自治、法治、德治作用，建设安定有序和谐家园。

刘家义书记强调，创新提升"三个模式"，要有科学有效的方法。要坚持实事求是的思想路线，实行分类指导，注重基层探索，强化典型引路，学会创新转化，鼓励大胆闯、大胆试，做到说实话、办实事、求实效，推动"三个模式"在实践中不断探索完善。要以全面从严治党为统领,加强基层党组织建设,加大支撑保障力度,让"三个模式"在新时代焕发出新活力。

"三个模式"既是乡村振兴齐鲁样板的经典模式,同时又具有高度的现实意义与推广价值,并且"三个模式"的内涵在实践中也不断丰富和完善。关于创新提升"三个模式",山东省委、省政府高度重视,省委书记刘家义明确要求要牢记习近平总书记的嘱托和教诲,认真贯彻落实习近平总书记视察山东重要讲话、重要指示批示精神,在打造乡村振兴齐鲁样板中当好排头兵,在创新提升"三个模式"上实现新作为,在推动农业农村改革发展中勇做探路者。一定要深入贯彻习近平总书记重要讲话、重要指示精神,坚定扛起创新提升"三个模式"的使命担当,大胆探索,勇于实践,不断赋予"三个模式"新内涵新标准新要求,努力让"三个模式"在新时代焕发出更强的生命力。

第四章　经典模式之诸城模式

诸城是山东省潍坊市下辖的一个县级市，位于山东半岛东南、泰沂山脉与胶潍平原交界处，东与胶州、胶南毗连，南与五莲接壤，西与莒县、沂水为邻，北与安丘、高密交界。诸城市辖 3 个街道，10 个镇，常住人口超过110 万人。

诸城是山东半岛区域性中心城市、全国县域经济与县域基本竞争力百强县市、国家新型城镇化综合试点地区，为全国沿海对外开放城市，是山东半岛重要的交通枢纽，曾先后荣获"中国优秀旅游城市""国家卫生城市""国家园林城市""国家知识产权强县工程示范县（区）"等荣誉称号。2018 年，诸城市实现地区生产总值877.73 亿元，入选全国县域经济综合竞争力100 强、中国最佳县级城市 30 强、2019 全国营商环境百强县。

第一节　诸城模式的基本内涵

习近平总书记在参加山东代表团审议时指出的"贸工农一体化、农业产业化经营"，是对诸城模式最凝练、最高度的概括。

改革开放后诸城率先推行"商品经济大合唱"，促进了农、工、商、贸协调发展，激活了农村商品经济，形成了多产业之间的良性循环。商品经济发展到一定程度之后，通过"贸工农一体化"，破解农产品"买难""卖难"问题，形成产、供、销一条龙的新型经济运行机制。在诸城的改革大潮中，逐渐出现了以诸城外贸和得利斯为代表的一批龙头企业，这些龙头企业通过淀粉加工、肉制品加工等产业，带动了诸城市的种植业和养殖业的产业化。

从 1992 年开始，诸城市围绕增强工业经济活力、培强做大龙头企业，探索中小企业产权制度改革，激发了企业活力，也为农业农村发展奠定了工业基础。1994 年，诸城市被确定为"全国综合配套改革试点县（市）"。1996 年 3 月，国务院总理朱镕基率国家儿部委到诸城考察，对诸城的改革做法给予了充分肯定。党的十五大将"采取改组、联合、兼并、租赁、承包经营和股份合作制、出售等形式，加快放开搞活国有小型企业的步伐"写入报告。

改革开放以来诸城关于农业发展的一系列探索始于商品经济，但始终围绕的核心是农业产业化，正如习近平总书记 2013 年视察山东时指出的"发端于诸城的农业产业化经营，在全国起到很好的示范引领作用"。目前诸城市的经济发展水平较之改革开放初期已经取得了长足的进步，在山东省内县域经济之中也位于前列，因此新时代"诸城模式"的定位应当是经济发展水平较高、产业基础较好的地区实现乡村振兴战略的一种路径选择。

第二节 诸城模式的形成过程

1984 年到 1987 年，诸城市围绕解决计划经济向商品经济转变过程中如何引领农民走向市场这一问题，率先推行"商品经济大合唱"，推动农村自然经济向商品经济转变，以畜牧业、加工业、创汇产业为重点，推行商品经济基地化、合同化，激活了农村商品经济，促进了农、工、商、贸协调发展，形成了多产业之间的良性循环。

从 1987 年到 1992 年，诸城市围绕破解商品经济繁荣后农产品"买难""卖难"问题，着力推进贸工农一体化，有效解决农副产品产销脱节矛盾，形成产供销一条龙的新型经济运行机制，搭建起"小生产""大市场"对接的桥梁。1990 年，山东省农村工作座谈会对诸城贸工农一体化予以肯定并推广。

党的十四大之后，诸城市围绕拉长完善农业产业链条、带动更多农民走向市场，率先提出推行农业产业化经营，构建以市场化为导向的新型农业经营体系。1999 年，全国农业产业化现场会在诸城召开。2013 年，习近平总书记在视察山东时指出："发端于诸城的农业产业化经营……在全国起到很好的示范引领作用。"

从 1992 年开始，诸城市围绕增强工业经济活力、培强做大龙头企业，探索中小企业产权制度改革，推进"四扩一调"改革。"四扩"即扩大股本总额、转让银行贷款扩股、量化新增资产扩股、吸引社会法人资金扩股，"一调"即调整股权结构、扩大股本总量。"四扩一调"改革激发了企业活力，也为农业农村发展奠定了工业基础。1994 年，诸城市被确定为"全国综合配套改革试点县（市）"。

1995 年底，《人民日报》专题采访了潍坊市的农业产业化经验，并先后于同年 12 月 11—14 日在《人民日报》发表三篇述评文章和一篇社论，将潍坊农业产业化经营的理论、经验和实践介绍到全国，随后中央对农业产业化经营模式作出了肯定，并写入了有关文件，各省、市也由此掀起了学习农业产业化经营模式的高潮，诸城模式得以推广至全国。1996 年 3 月，国务院总理朱镕基率国家九部委到诸城考察，对改革做法给予了充分肯定。党的十五大将"采取改组、联合、兼并、租赁、承包经营和股份合作制、出售等形式……加快放开搞活国有小型企业的步伐"写入报告。

从 2007 年开始，诸城市围绕创新农村社会治理、加快实现城乡公共服务均等化，创新实施"多村一社区"的社区化发展模式，全面推进农村社区化发展，整体提升农业农村发展水平。打破原有村庄界限，创新推行了"五四三二"工作模式，建立起以社区为平台的综治维稳工作机制、网格化监管服务机制、多元化化解矛盾机制和立体化治安防控体系，形成了科学有效的社区治理体制。2008 年 5 月 8 日，习近平总书记到诸城视察，对诸城市推进农村社区化服务的做法给予充分肯定并寄予殷切期望。2008 年 12 月，国家民政部在诸城市召开全国农村社区建设实验工作经验交流会议，会议上推广了诸城经验。2012 年，诸城市被中央综治委确定为全国九个社会管理整体创新典型培育地区之一。

第三节　诸城模式中的典型案例

案例一："贸工农一体化"的先行者与龙头企业
——诸城外贸有限责任公司

诸城外贸有限责任公司（以下简称"诸城外贸"）的前身是诸城外贸接

货小组，成立于 1975 年，当时只有 7 个人、36 万元资金、9.9 亩厂区，主要从事当地活兔、活禽收购，然后外调销售。40 多年来，诸城外贸秉承"农业发展我发展，我与农民共繁荣"的经营理念，站在改革发展的前沿阵地，勇立潮头探索创新，带领百万农户走向富裕之路，成为全国农业产业化的重点龙头企业和诸城模式的发源地以及乡村振兴的有力助推者。

一、与农民共繁荣，企业农户同获益

由于运输过程中，经常出现兔禽减重和非正常死亡现象，损失由农民自己承担，致使农民获利微薄，养殖积极性骤减。"涉农部门，就要为农民着想。"为了破解收养矛盾，解决养殖难题，1976 年诸城外贸正式成立后，积极争取市里支持，建起了诸城市第一座百吨冷库和兔鸡宰杀车间，成立了 120人的专业技术队伍，深入农户指导生产和养殖，并有针对性地进行资金和物料支持。从此，实现了鸡、兔大宗骨干商品的直接收购、储存和调运，农民的收入和养殖积极性得到了有效提高，企业也得到了较快发展。

党的十一届三中全会以后，企业迎来了发展好机遇。公司确立了新的经营理念，把企业与"三农"紧紧地联系在一起，与农民同呼吸、共命运。"做大农业文章，搞活企业经营。"公司上下按照这一共识，搞好服务，加大投入，加快发展。1980 年以来，公司陆续投资 3 亿元，新建 5 家大型宰杀加工厂，建立年宰杀能力 5000 万只的肉鸡宰杀线，投放扶持资金 2 亿元，支持农民建起 55 个规模养殖场，年饲养量 5000 万只。如今，农民靠种养走上了富裕之路。其中，肉鸡养殖大户年收入达 100 万元。

二、"贸工农一体化"，诸城模式闻名全国

为了解决农民负担，诸城外贸规范养殖标准，打造有利于农民发展、有益于企业经营的社会服务体系和运营模式。从 1984 年起，公司从鸡雏、饲料、药品等生产资料和技术方面，提供产前、产中、产后系列化服务，实施"四到门、三赊销、两公开、一结算"产供销一条龙服务，使农民的养殖积极性倍增。借助诸城在全县开展"商品经济大合唱"的东风，诸城外贸主动站前沿、唱主角，确立了以市场为导向、公司引导农民共同发展的"贸工农一体化，产加销一条龙"经营模式，有效解决了当时农业生产、加工、流通脱节的问题，带动了农民增收和农村经济发展。从此，诸城外贸"贸工农一体化"的经营模式，伴随着诸城"商品经济大合唱"的成功经验名扬全国。

在此基础上，诸城外贸分析市场形势，结合当地实际，探索出了更加适合企业发展、农业增效、农民增收的"公司＋基地＋农户"的产业化发展模式，形成了市场牵龙头、龙头带基地、基地连农户，产供销、种养加、贸工农、经科教一体化经营的发展路子，把传统农业纳入现代化生产、区域化布局、规模化经营、企业化管理的轨道，形成了独具特色的诸城农业产业化发展模式。

1995 年底，《人民日报》专题采访了潍坊市的农业产业化经验，并先后于同年 12 月 11—14 日在《人民日报》发表三篇述评文章和一篇社论，将潍坊农业产业化经营的理论、经验和实践介绍到全国，随后中央对农业产业化经营模式作出了肯定，并写入了有关文件，各省、市也由此掀起了学习农业产业化经营模式的高潮，诸城模式得以推广至全国。

三、不忘农业初心，产业全面升级

"诸城外贸姓'农'。浓厚的农业情怀，浓浓的农村情缘，浓重的农民情结，是公司发展的不竭动力。"企业新任领导班子提出了新的发展构想，确立了新的发展方向，制订了新的发展规划，做出了新旧动能转换、产业全面升级、再创诸城新模式的决定，努力实现"到 2021 年饲养宰杀肉鸡 2 亿只、加工产品 40 万吨、年销售收入由目前的 163 亿元增加到 220 亿元以上"的目标任务。2019 年，诸城外贸全年实现销售收入 210 亿元，利税 7.5 亿元，出口创汇 1.1 亿美元，创造了公司发展史上的最好成绩。

如今，诸城外贸围绕食品、淀粉、色素等业务板块形成了肉禽良种繁育、饲料供应、宰杀分割、熟食品加工、淀粉生产、色素提炼等支柱产业。其中，食品板块形成年产父母代种鸡 420 万套、商品代鸡雏 1 亿只、商品代鸭雏 1000 万只、饲料 60 万吨、鸡肉冻品 15 万吨、鸡肉熟食品 15 万吨的生产能力，是全国最大的肉鸡出口生产基地之一；淀粉板块形成年消化玉米 700 万吨、年产玉米淀粉 420 万吨、变性淀粉 30 万吨、饲料原料 90 万吨、麦芽糖浆 80 万吨、葡萄糖酸钠 30 万吨、葡萄糖 25 万吨、麦芽糊精 25 万吨、精制玉米油 15 万吨的生产能力，是亚洲最大的玉米淀粉生产加工基地之一；色素板块形成年加工色素 2 亿克的能力，是全球重要的饲料级天然色素出口生产基地之一。企业也被原农业部、国家标准化管理委员会等部门评为"国家禽肉加工专业分中心""农产品加工企业技术创新机构"，先后荣获"国家农业标准化示范区""国家食品工业重点企业""中国屠宰及肉类加工业十强企业"

"中国肉类食品工业 50 强"等荣誉称号。

案例二：银企合作，为乡村振兴提供"源头活水"
——诸城市农业发展银行全力支持诸城模式转型升级

中国农业发展银行（以下简称"农发行"）以服务乡村振兴为宗旨，助力诸城模式新旧动能转换更是农发行义不容辞的责任。诸城市农发行按照产业兴旺、生态宜居、乡风文明、治理有效、生活富裕的总要求，明确在乡村振兴中的职责定位，强化金融服务方式创新，加大对乡村振兴中长期信贷支持，高质量服务乡村振兴战略。在项目选择上，诸城市农发行突出支持实体、服务三农，重点扶持科技含量高、带动效果好、民生需求强、环保标准高的项目，取得了良好的经济效益与社会效益。

一、扶持高科技涉农企业，为诸城模式注入新动能

新旧动能转换的动力来自技术进步与创新，归根到底来自科技水平的提高。农发行大力支持科技含量高的项目落地诸城，增强诸城模式的科技含量，为其新旧动能转换注入内生动力。

2018 年以来，农发行先后为诸城市现代农业科技推广项目支持中长期贷款 7 亿元，助力提高"诸城模式"的科技含量。诸城市现代农业科技推广项目主要包括总部基地和乡镇园区苗木繁育基地两大部分，项目建成后将成为集组培科研、技术培训、生产示范于一体，生产、服务、科普融合发展的农业产业综合科研机构，助力于当地农业发展。项目总投资为 9.0132 亿元，其中申请农发行林业资源开发与保护中长期贷款 7 亿元，占比 77.66%，期限 12 年，贷款利率按在人民银行同期同档次基准利率基础上，上浮 10% 执行，采取保证和抵押组合担保的贷款方式，其中由诸城龙乡水务集团有限公司提供 7 亿元无限连带责任保证担保，由诸城龙乡水务集团有限公司名下的土地提供抵押担保。贷款自放款后第 3 年起开始还款，其中第 3 年到第 12 年每年归还 7000 万元，每年至少还款 2 次。按季结息，按年调整。贷款一次审批，分笔发放。

（一）现代农业科技推广项目符合国家产业政策和地区发展规划

2018 年 1 月，国务院和发改委先后发布《国务院关于山东新旧动能转换综合试验区建设总体方案的批复》《国家发展改革委关于印发山东新旧动能转换综合试验区建设总体方案的通知》，《通知》中明确提出："深化农业供给

侧结构性改革，促进农村一二三产业融合发展，构建现代农业产业体系、生产体系和经营体系，为农业现代化建设探索路径。加快发展智慧农业、定制农业、体验农业等新业态，加快推进特色农产品优势区建设，促进农业特色产业做大做强。"山东省人民政府下发了《关于印发山东省新旧动能转换重大工程实施规划的通知》，要求加快新旧动能转换重大工程，全面提升发展质量和效益，明确提出提升传统产业改造形成新动能，要坚持农业农村优先发展，深入推进农业供给侧结构性改革，要加快发展新六产，大力发展特色高效农业。诸城市 2018 年政府工作报告提出要深入实施乡村振兴战略，推动农村三产融合，积极打造农村产业融合发展的诸城模式。制定出台了《诸城市实施乡村振兴战略三年行动计划（2018—2020 年)》，要以创建"全国农业一二三产业融合发展示范县""全国休闲农业与乡村旅游示范县"等为契机，做好"农业＋"大文章，要发挥农林孵化器技术优势，加快林果种苗研究开发，培育新品种新种苗，年繁育能力达到 1000 万株以上，辐射带动区域林果产业转型升级。

该项目的建设符合国家产业政策和地区发展规划，不仅对诸城市水果产业转型升级，实现现代化、品牌化经营具有重大意义，同时项目建设实施也是响应政府号召，实现我国农业现代化发展的有益尝试。因此，项目的开发建设是十分必要的。

（二）现代农业科技推广项目具有较高科技含量

本项目主要利用果树脱毒技术来脱去果树中的病毒，利用组培技术来快速繁殖果树各种矮化自根砧，利用工厂化育苗技术，使果树的苗木生产达到标准化、规模化，为社会提供优质的果树苗木。通过优化组培与工厂化育苗流程，降低苗木的生产成本，增加苗木的市场竞争力。利用组培与工厂化生产出来的矮化无性自根砧嫁接的苹果苗，种苗质量好、整齐度高，适合建高档果园；生长势强，可脱去部分植物病毒，根系发达，抗逆性强，树体健壮，可显著地提高果品产量和质量，通过组培技术繁育的无病毒果树可提前 2～3 年结果，一般增产 20%～30%，甚至 50%，优质果率增加 30%～50%。

项目运营公司已与中国农业科学院果树研究所、山东林业厅、山东果树所、山东农业大学、青岛农业大学等科研院所建立深度合作关系，为本项目提供强有力的技术支撑。本项目主要利用果树脱毒技术来脱去果树中的病毒，利用组培技术来快速繁殖果树各种矮化自根砧，利用工厂化育苗技术，使果树的苗木生产达到标准化、规模化，为社会提供果树的优质苗木。通过优化组培与工厂化育苗流程，降低苗木的生产成本，增加苗木的市场竞争力。

（三）支持该项目实现了农民增收、科技提质、银行增效

本项目的组织实施，年可直接增收约 3 亿元；通过流转土地 6.4 万亩，涉及 200 余个村庄、5000 余农户，可进一步解放农村劳动力，农民既可就近务农打工或外出寻找新的致富门路，又可以得到土地租金收入；同时，规模化经营和产业结构的调整升级，辐射带动周边林果业的标准化生产及相关产业的发展，提高产业发展水平，调整农村产业结构、增加农民收入，年均增加农业产值 40 亿元以上。

更为深远的是，本项目的实施，将有力提升诸城市林果苗木产业的科技含量，提高其良种化、标准化、基地化、产业化水平。可有效带动种植业、食品加工业、包装和运输等相关产业的发展，实现农产品多次增值。有利于引导资金、技术、人才等投向农业、流向农村、造福农民，也有利于加快转移农业剩余劳动力，促进农业产业转型、功能拓展、效益提升，推进农村一二三产业深入融合和农业供给侧结构性改革，积极打造农村产业融合发展的诸城模式，加快推进农业农村现代化。

对于诸城市农发行，本项目贷款期限内可获得利息收入 2.3959 亿元，项目实施后，诸城市财政部门、舜邦公司及主要承建单位将有一定的项目资金通过农发行代理拨付，促进农发行财政性存款及其他存款的增加，降低资金运营成本，提高运营效益。

二、扶持农业龙头企业，巩固诸城模式内生动力

新旧动能转换的基础来自产业兴旺，尤其是龙头企业的做大做强，一个核心龙头企业可以带动整个产业链。诸城模式的核心是农业产业化，农发行大力扶持诸城市的农业龙头企业，为诸城模式的新动能打牢基础。

诸城市农发行 2018 年为诸城金鸡饲料有限公司发放 1 亿元产业化龙头企业粮油短期流动资金扶贫贷款，利率按人民银行公布的同期同档次贷款基准利率上浮 15% 执行，由诸城舜邦投资开发有限公司提供连带责任保证担保。该笔贷款发放后可以有效解决公司流动资金不足问题，满足其生产经营正常周转需要，降低公司资金成本，提高公司经营效益，助力农业龙头企业做大做强。

（一）金鸡饲料有限公司是当地典型农业龙头企业

诸城金鸡饲料有限公司是饲料行业的一家龙头企业。饲料产业的产业链地位特殊，处于种植业与养殖业的结合部，承接种植业的产成品的同时，又为养殖业提供能量来源，决定着畜牧业的发展前途，是发展畜牧养殖业、实现畜牧养殖业现代化高度依赖的行业。

金鸡饲料被全国饲料工业协会评为"百强企业"，产品曾获"外经贸部科技进步三等奖"，饲料产品获"饲料工业博览会认定产品""山东省著名商标"等荣誉称号，公司生产车间通过了 ISO9001 质量管理体系认证和 ISO14001 环境管理体系认证。产品涉及肉种鸡、肉鸡、蛋鸡、肉鸭、肉兔、猪、牛、羊等八大系列三十多个品种，"虎牌"禽饲料被评为中国名牌产品。农发行大力扶持诸城市农业龙头企业，助力农业龙头企业做大做强，夯实诸城模式新旧动能转换基础。

（二）扶持龙头企业，实现银、企、社多方共赢

该贷款发放后可为农发行增加贷款利息收入 500 万元，2017 年 4 月至 2018 年 4 月，诸城金鸡饲料有限公司在农发行的日均存款为 692.80 万元，累计贷款回笼 4.6661 亿元。总行最新公布的 1 年期资金成本为 4.1683%，系统内借款利率为 4.4%，山东省分行营运费用率为 0.59%，客户信用风险补偿为 0.5%，综合贡献率（预计）达到 0.17%，增值税及附加税等合计税率为 3.39%。根据上述数据，初步测算贷款保本利率为 5.17%，从降低运营成本、财务可持续性的角度考虑，本笔贷款利率计划按在基准利率基础上上浮 15% 执行，即 5.0025%，贷款期限 1 年，本笔贷款可实现利息收入 500 万元，按照农发行目前系统内借款利率 4.4% 计算，综合考虑（单笔贷款运营成本忽略不计）本笔贷款可为农发行带来约 60 万元的利差收入。本笔贷款发放后，一是可增加支行贷款利息收入 500 万元；二是增加低成本存款；三是增加中间业务收入 2.5 万元，包括保险收入 1 万元，银行承兑汇票收入 1.5 万元。

金鸡饲料有限公司年均用工 400 人左右，农发行支持企业发展，有助于进一步提高公司效益，为当地提供更多就业机会，增加地方税收，促进地方经济发展，提高农发行社会影响力，同时，也有助于公司引导农民种植高质量玉米品种，帮助当地农民调整种植结构，增加农民收入。公司通过捐赠方式对安丘市域内国定贫困人口进行帮扶，扶贫成效较为显著，省分行已对其扶贫贷款进行了认定。

三、扶持潍河综合治理，让"母亲河"焕发生机

"绿水青山就是金山银山"，良好的生态环境是人类开展一切工作的根基。潍河是诸城市第一大河，是整个潍坊地区的"母亲河"。由于种种原因，潍河诸城段的水源涵养、行洪泄洪、生态保持等功能日渐退化，急需治理。农发行为诸城市潍河综合治理项目提供资金支持，助力潍河诸城段恢复往日生机，修复生态功能。

（一）诸城市农发行大力支持潍河综合治理项目

本项目总投资 35.3564 亿元，向诸城市农发行申请贷款 28 亿元，占总投资的 79.19%。2015 年 9 月 26 日，总行下发了《关于诸城龙乡水务集团有限公司水利建设项目贷款的批复》（农发信贷审批〔2015〕01360 号），同意向诸城龙乡水务集团有限公司发放水利建设中长期贷款 28 亿元，用于诸城市潍河综合治理项目建设。贷款期限 20 年，宽限期 3 年，第 4 年至第 19 年每年还本 1.65 亿元，第 20 年还本 1.6 亿元。贷款利率在人民银行规定的五年以上贷款基准利率基础上上浮 10%，按年调整浮动，按季结息；贷款逾期加罚息 50%；未按合同约定用途使用贷款加罚息 100%。贷款采取保证、抵押和质押相结合的担保方式。

2015 年以来，农发行分批为诸城潍河综合治理项目发放一般水利建设非 PSL 中长期贷款 28 亿元，贷款期限 20 年。对潍河流域潍河西环路桥至潘庄滚水桥段（包括尚沟河桥、马兰河桥、太古庄河桥）、潍河道明桥下游至胶王路桥段进行综合治理，总长度约 30km。主要包括河道治理工程、生态保护工程、生态恢复工程、拦河闸坝工程、护堤道路工程、桥梁建设工程和管道铺设工程。

（二）潍河综合治理项目使诸城市迎来新的发展机遇

经过综合治理之后的潍河畔，昔日的荒滩地变为靓丽的景观带，提升了沿河两岸资产的价值，激活和提升了优质资源。博物馆、名人馆、体育馆、恐龙公园、潍河公园、诸城电视塔等拥河布局，使潍河沿岸生态、人文、商业娱乐和地域特色串珠成链、融为一体，形成了一条水生态保护带、休闲旅游景观带、城市经济隆起带、城乡统筹辐射带。农发行通过潍河综合治理项目为诸城模式增添了一抹绿色。

案例三：打造城乡融合发展新的诸城模式

近年来，诸城市着力放大农业社区化发展的平台优势，以创新城乡融合

发展的体制机制为切入点，以强化乡村振兴的县域制度性供给为着力点，以生活社区为单元、以生产园区为支撑、以生态景区为底色，全力打造新型社会生活共同体，推动城乡融合发展，为打造乡村振兴齐鲁样板提供了新的诸城模式。

坚持产业为要，建设特色生产园区。诸城市按照"一核、两带、四区、六小镇、八集群"的现代农业总体规划布局，引导农村社区结合区位条件、资源禀赋、产业基础等实际，加快推动产业结构调整，构建大区域、大流域、大片区的规模化经营格局。建立起高新技术农业示范核心区"一核"，沿渠河高效蔬果产业带、沿潍河农旅融合发展带"两带"，南部低山农业融合发展示范区、西部平原种养循环农业发展区、东北部畜禽加工带动产业融合发展区、东部林家村都市农业聚集区"四区"，休闲农旅、生态观光农业、山林康养、健康食品等特色"六小镇"，打造八个田园综合体基地"八集群"，建设200个千亩以上高效农业园。同时，创新社区经营管理机制，推行壮大农村集体经济10条路径，农村社区全部成立社区农业发展公司，推行"大区域多主体""大园区小农户"等利益联结机制，实现带农增收，集体致富。

坚持宜居为本，建设新型生活社区。吸引城市人才到农村，改善传统农民生活条件，新型农村社区和特色强镇成为最现实的选择。诸城市实施社区服务中心功能提升工程，坚持生产方式与生活方式同步提升，调整优化站室设置，持续改善社区办公和服务环境，新改造提升社区服务中心30个。充分利用棚改旧改、增减挂钩政策，引导农民聚合居住，建设安置楼28万平方米，7个社区（村）被确定为"山东省乡村振兴示范村"。开展"基层组织建设提升年"活动，提升基层党组织组织力，倒排133个网格党支部，选派工作组整顿提升。实施基层党建"领头雁"计划，探索创设1265个农村社区网格党支部，优化调整309个城乡联建党组织，打造一支懂农业、爱农村、爱农民的基层干部队伍。实施红色基因传承工程，提升乡风文明水平，大力弘扬大舜孝德文化，完善村规民约，推进文化惠民和移风易俗，208个农村社区全部建起高于省二类标准的社区文化活动中心。

坚持绿色为基，建设优美生态景区。城市资本、技术要下乡，"新农人"要干事创业，园区和景区就是最好的平台。诸城市依托生产园区、生活社区和生态资源、文化资源，开展省市美丽乡村示范村建设，打造恐龙花海等五大示范片区，建设"年画村"等50多个特色风貌村，998个村庄达到美丽乡村B类以上标准，实现社区园区生态化、资源景区化。开展"绿满龙城"五大行动，因地制宜抓好环村生态林带建设，结合生活社区功能布局和生产园区建设，规划建设小游园、微绿地，拓展休闲观光功能，建成森林镇村15个，被评为"全国森林旅游示范县"。开展"十河共治"，全面落实河长制、湖长制，境内水质达标率100%；大力发展绿色循环农业，采用设备租赁、产品偿还方式，推广信得科技动物体内除臭和有机肥制备技术，分布式建设7

诸城超然台春色

处粪污处理中心，粪污资源化利用率达到92%以上。

坚持共建共享，推进全域融合发展。诸城市创新融合发展模式，统筹谋划、协同推进，完善共建共享机制。落实奖补资金1700万元，引导支持"三区"共建共享示范区建设，制定"三区"共建共享地方标准，每个生活社区至少建设1个以上的生产园区、1个以上的生态景区，推进"三区"融合。做好"农业＋""农村＋"文章，突出农旅融合、种养循环、智慧农业等重点，推进产业融合，大力发展农业"新六产"，培育全省休闲循环农业示范园3家，荣获"全国休闲农业与乡村旅游示范县"。按照"五级书记"抓乡村振兴的要求，落实"四个优先"，尊重农民主体地位，保障社会资本权益，完善互利共赢的利益分享机制，让更多农产品增值收益和二三产业经营收益留在农村、留给农民，推进利益融合。

推进"三区"共建共享是一项系统工程，诸城市立足资源条件和产业基础，不搞统一模式，因地制宜、精准施策，发挥优势、打造亮点，既考虑共性要求，更凸显个性特点，探索出一条符合本地实际、特色鲜明的城乡融合、共建共享发展道路。

第四节　诸城模式的实践意义

诸城模式的探索与实践，一定程度上契合了乡村振兴战略以产业兴旺为重点、生态宜居为关键、乡风文明为保障、治理有效为基础、生活富裕为根本的要求，为实施乡村振兴战略提供了有益启示。

一是实施乡村振兴战略，要持续不断改革创新。立足实际，统筹谋划，选准突破口，大胆创新，吸收借鉴先进地区的成功经验，取长补短，汇集众智，推陈出新，丰富齐鲁大地乡村振兴实践。

二是实施乡村振兴战略，要牢牢抓住产业振兴不放松。把乡村振兴的着力点放在农民增收上，加快培育新型农业经营主体，发展多种形式的规模经营，推进农业终端型、体验型、循环型、智慧型发展。注重农村一二三产业融合、农业农村农民融合、农业内部产业融合、城乡融合，靠融合提高农业效益，带动农民增收。延伸产业链条，完善经营方式，加快构建现代农业产业体系、生产体系、经营体系，推动农业由增产导向转为提质导向。

三是实施乡村振兴战略，要搭建和利用好社区平台。完善社区规划，提升档次标准，拓展服务内容，培育区域特色，使其成为乡村产业、人才、文化、生态、组织振兴的重要支点。注重传统村落保护，做到生产、生活、生态"三生融合"，宜居、宜业、宜游"三宜一体"，社区、园区、景区"三区同建"。

四是实施乡村振兴战略，要坚持不懈地推进融合发展。完善城乡融合发展的体制机制和政策体系，加快推动人口、土地和资本等要素在城乡之间合理流动。按照"以产兴城、以城聚产、产城联动、融合发展"思路，将产业发展和城镇建设同步规划、同步推进，构建层次清晰、布局合理、功能协调、多重互补的产城融合城镇体系。推进一二三产业融合、农业农村农民融合、农业内部融合，发展田园综合体、采摘篱园、休闲农庄等农业"新六产"，打造市民旅游休闲地、农民创业就业地、社会资本投资地。

五是实施乡村振兴战略，要高度重视人才建设。按照习近平总书记推进人才振兴的要求，着力构建农村"育才、引才、留才、用才"良好环境。靠产业承载人才，坚持产城融合，有计划地规划建设一批农业产业园区，搭建吸纳人才的舞台。靠政策吸引人才。出台鼓励城市人才、城市资本参与乡村振兴的意见，引导更多的工商资本、人才参与乡村振兴。靠培养拓展人才。加强专业技能人才培训。靠环境留住人才。坚决守住生态保护红线，全面整治农村人居环境，把生态环境打造成为乡村振兴吸聚人才的重要"名片"。

六是政银紧密合作，为乡村振兴战略争取低成本政策性金融资本。实现乡村振兴的难点在于资金。发展农业风险大、回报低，社会资本与商业性金融资本一般不愿进入，即使进入也会要求高额的回报，为乡村振兴带来高额成本。由于农村信用数据不完整、可抵押资产不足等，许多涉农主体很难达到银行贷款的门槛要求，而即使获批，也面临贷款额度小、利率高等问题。此外，契合"三农"领域特点的金融产品比较缺乏，突出表现为金融产品贷款期限和农业生产周期不吻合，贷款额度不能满足规模农业和特色农业的资金需求，没有较为完备的风险防控措施等。完全依靠财政也会给对方财力带来沉重的负担，因此低成本的政策性金融资本应当是打造乡村振兴齐鲁样板的首选。《关于金融服务乡村振兴的指导意见》明确提出，国家开发银行要按照开发性金融机构的定位，充分利用服务国家战略、市场运作、保本微利的优势，加大对乡村振兴的支持力度，培育农村经济增长动力。农业发展银行要坚持农业政策性银行职能定位，提高政治站位，在粮食安全、脱贫攻坚等重点领域和关键薄弱环节发挥主力和骨干作用。

农发行是我国唯一的农业政策性银行，农发行的支农始终保持净投入、长期限、低利率的特点，新发放的贷款平均利率在5%以下，低于全国金融机构平均利率水平100个基点以上。并且，农发行发放的贷款，在期限上符合"三农"特点。专项过桥贷款可随借随还，水利中长期贷款最长可放宽至30年期限。对精准扶贫、重大水利、农村公路等国家重点支持项目和西藏等政策扶持地区，分别给予10%至20%的利率下浮优惠。农发行在山东省各市县都有分支机构，在支农惠农、服务乡村振兴方面优势突出。

根据山东省发改委与农发行山东省分行签订的《支持乡村振兴战略合作协议》，联合设立乡村振兴重大项目库，确定5年综合授信3000亿元、支持500个乡村振兴重大项目。第一批223个项目已经进入项目库，目前各项目申报单位应当主动出击、积极作为，主动与农发行对接，力争年内使项目落地，即使暂时不能落地也应当达成意向协议。同时，应当抓紧研究推进后续批次重大项目尽快入库。

第五章　经典模式之潍坊模式

潍坊市是山东省下辖地级市，位于山东半岛中部，南依泰沂山脉，北濒渤海莱州湾，东与青岛、烟台两市相接，西与东营、淄博两市为邻，地扼山东内陆腹地通往半岛地区的咽喉，胶济铁路横贯市境东西。潍坊市辖奎文、潍城、寒亭、坊子4个区，青州、诸城、寿光、安丘、高密、昌邑6个县级市，临朐、昌乐2个县，另有高新技术产业开发区、滨海经济技术开发区、峡山生态经济开发区、综合保税区4个市属开发区。全市共辖62个镇、56个街道办事处。

潍坊市在省内率先组建新旧动能转换基金，支撑7个省重点项目、36个省优选项目、54个市级重点项目。16家企业列入国家、省级"两化"融合贯标试点，上云企业超过3000家。14家企业入围全省民营企业百强名单。21家企业入选全省"瞪羚企业"示范培育企业名单，42家企业获评全省首批"隐形冠军"企业。

新发展农民专业合作社1269家、家庭农场500家。整合市级涉农资金5.8亿元，开工建设田园综合体26个。总投资3.7亿元打造30个市级重点扶贫项目已全部投产达效，可带动5.4万名贫困人口实现脱贫增收。国家农业开放发展综合试验区获国务院批准设立，全国蔬菜质量标准中心正式揭牌，北京大学现代农业研究院完成主体工程，潍坊市成功创建为农产品质量安全市。

第一节 潍坊模式的基本内涵

潍坊模式突出的特点是，各市县积极探索，农业产业化全面开花。潍坊是农业产业化的发源地，潍坊的各县市几乎都创造性地走出了一条因地制宜的县域农业改革发展之路，在我国农业发展历程中具有重要的意义。

农业产业化使潍坊市的农业高度发达，山东农业看潍坊。潍坊市农业总产值居全省之首，改革开放以来山东积累的不少农村改革发展的经验，多源自潍坊。20世纪90年代就在全国率先孕育了农业产业化雏形。改革开放初期诸城市组织"商品经济大合唱"，实施贸工农一体化。寿光首创的蔬菜大棚，解决了几亿人的吃菜问题。此外，寒亭区的"一村一品、一乡一业"、青州市的花卉专业市场建设、昌邑的苗木基地生产、安丘市的名牌战略等，都产生了较大影响。潍坊摸索出了一系列在全省乃至全国有影响的经验，并且让地方经验普惠全国。

1993年，潍坊市委、市政府在完善"商品经济大合唱"、贸工农一体化做法的诸城模式的基础上，出台了《关于按照农业产业化要求进一步加强农村社会主义市场经济领导的意见》，"农业产业化"这一概念正式提出，在全市范围内正式推行。其基本内涵是：以市场为导向，以效益为中心，以科技为支撑，围绕主导产业，优化组合各种生产要素，对农业和农村经济实行区域化布局、专业化生产、一体化经营、社会化服务、企业化管理，形成市场牵龙头、龙头带基地、基地连农户，集种养加、产供销、内外贸、农科教于一体的农业经济管理体制和运行机制。同年，《农民日报》以"潍坊：农业产业化发源地"为标题进行了宣传报道。1994年，山东省委印发一号文件，号召全省推广潍坊农业产业化经验。2010年10月，全国农业产业化现场经验交流会在潍坊召开。

在新时期，潍坊模式更加突出的特点是对外开放、面向世界。2018年8月31日，国务院批复同意设立潍坊国家农业开放发展综合试验区。9月13日，农业农村部、山东省人民政府印发了《潍坊国家农业开放发展综合试验区总体方案》。潍坊农业开放发展综合试验区的核心区的功能定位，首先是搭建农业科技研发、集成创新和成果转化的高端平台，发展高端农业与现代食品产业，农业高新技术产业以及农产品国际贸易、现代物流、跨境电子商务等产业。其次是建设农业先进国家、技术合作示范基地。引进商贸流通、信息咨询、检验检测认证，农业研发等方面的国内外一流机构。消化吸收国际先进经验、技术和标准，着力打造"五中心一平台"。"五中心一平台"就是农业及食品产业创新中心、品牌展示中心、物流配送中心、检验检测认证中心、农业和食品产业大数据中心以及产业总部基地。

总的想法是聚集新技术、新产业、新业态和新模式，坚持高起点定位、高水平试验、高标准建设，率先将核心区打造成农业"新六产"和开放发展的新高地。国务院批准设立潍坊国家农业开放发展综合试验区，这既是对山东农业领域对外开放取得成就的充分认可，又是为山东吹响了重整行装再出发的号角。试验区要推进质量标准中心建设成为蔬菜全产业链标准集成和研发中心、蔬菜质量安全评估和预警中心、蔬菜品牌培育和品质认证中心、蔬菜信息交流和技术服务中心。力争到 2020 年基本完成全国蔬菜质量标准中心建设任务，成为全国蔬菜产业技术信息的汇集地、发散地，成为蔬菜产业发展的风向标和制高点。

潍坊模式着眼破解分散经营与大市场之间的矛盾，从调整生产关系入手，创新农业生产的组织形式、经营模式和运行机制，把千家万户的农民与千变万化的市场紧密连接，极大地促进了当时农村产业结构升级和资源优化配置，提高了农业比较效益和农民生产积极性，其理论成果、制度成果成为我国农业和农村经济发展政策创新的重要组成部分，在我国农业农村发展的历程中起到了重要的引领作用。

第二节　潍坊模式的形成过程

山东农业看潍坊。看"表"，潍坊市农业总产值居全省之首，蔬菜、肉类出口分别占全国的 1/10 和 1/8；看"里"，改革开放以来，山东积累了不少农村改革发展的经验，多源自潍坊。20 世纪 90 年代就在全国率先孕育了农业产业化雏形。改革开放初期，诸城市率先组织"商品经济大合唱"，实施贸工农一体化。寿光首创的蔬菜大棚经久不衰，拎得动全国的菜篮子，解决了几亿人的吃菜问题……潍坊创造了一系列在全省乃至全国有影响的经验，并且让地方经验普惠全国。

潍坊是农业产业化的发源地。自从改革开放以来,潍坊抓住了"改革开放"这个关键一招,坚持久久为功,多措并举,质效优先,明晰发展路径,农业产业化内涵不断丰富发展,聚力打造农业产业化"升级版",推动农业产业化提档升级。潍坊农业产业化从一分实验田发展到全域品牌化,从一个地区走向全国辐射全国,被称为中国农业走向现代化的必由之路。农业成为潍坊的优势产业,并非一日之功。改革是潍坊模式的核心要义。贯穿"三个模式"的主线和灵魂是改革创新。潍坊模式、诸城模式、寿光模式都是改革开放以来,潍坊各级党委、政府带领广大群众认真贯彻党中央决策和省委部署,用改革的精神、创新的办法破解制约发展瓶颈和矛盾的成功实践,也是自觉践行新发展理念的生动实践。

初始发展阶段:潍坊农业产业化诞生在从计划经济向市场经济转轨的1992—1993年间。改革开放初始,当时农民一家一户分散经营,与大市场的矛盾比较突出,农民收入低,务农积极性不高,农业持续发展面临挑战,迫切需要探索一种更高层次、更加适应生产力发展的运行机制和经营方式。潍坊市委、市政府着眼于解决农村改革与发展中的深层次矛盾,立足农业农村实际,围绕增加农民收入、发展农村经济、破解农户"小生产"与开放"大市场"之间的矛盾,积极鼓励引导县市区探索创新,认真总结全市各地经验,并学习借鉴日本、法国、美国等先进经验,按照产业化的要求,组织实施农业产业化经营。

1984年起,诸城市先后提出并推行"商品经济大合唱"、贸工农一体化,农业产业化开始萌芽;1989年,寿光市三元朱村引进并创新冬暖式蔬菜大棚,设施农业由此起步并迅速发展。在诸城和寿光的引领带动下,各县市区互相学习借鉴、比学赶超。其间,寒亭区的"一村一品、一乡一业"、青州市的花卉专业市场建设、昌邑的苗木基地生产、安丘市的名牌战略等,都产生了较大影响。对此,潍坊市委、市政府高度重视,在完善"商品经济大合唱"、贸工农一体化做法的基础上,于1993年5月出台了《关于按照农业产业化要求进一步加强农村社会主义市场经济领导的意见》,"农业产业化"这一概念正式提出,在全市范围内正式推行。基本内涵是:以市场为导向,以效益为中心,以科技为支撑,围绕主导产业,优化组合各种生产要素,对农业和农村经济实行区域化布局、专业化生产、一体化经营、社会化服务、企业化管理,形成市场牵龙头、龙头带基地、基地连农户,集种养加、产供销、内外贸、农科教于一体的农业经济管理体制和运行机制。同年,《农民日报》以"潍坊:农业产业化发源地"为标题进行了宣传报道,1994年,山东省委印发一号文件,号召全省推广潍坊农业产业化经验。2001年10月,全国农业产业化现场经验交流会在潍坊召开。

提升丰富阶段:2003年以来,潍坊市委、市政府围绕深化农业产业化经营,积极实施以农业产业化、标准化、国际化,龙头带动、市场带动、科技带动,农民变职工、变民工、变市民为主要内容的"三化、三带动、三变"战略;2007年以来,在全省率先探索新型农村社区建设,着力改善农村基本公共服务,改善农民生产生活条件。这一阶段,诸城市大力扩大农业出口规模,率先走外向型新路子;安丘市狠抓农产品基地建设,农产品质量安全的"安丘模式"在全国推广;寿光市大搞"蔬菜种子革命",形成集种苗研发、繁育、推广于一体的链式效应,由此,农业产业化概念得到不断丰富完善。

高质高效阶段:党的十八大以来,农业增效、农民增收面临"天花板"和"地板"双重挤压,倒逼打破传统发展方式,探索以产业融合、要素融合、利益融合来解决矛盾、问题,作为农业产业化的"升级版"的农业"新六产"应势而生。2012年起,潍坊坚持以品牌农业为统领,推进规模化经营、标准化生产、企业化管理、社会化服务;2014年3月,国家发改委确定潍坊为全国现代农业综合改革试点单位,再次为潍坊全面深化农村改革、率先实现农业现代化提供了新的机遇。近两年来,潍坊市全力创建潍坊国家农业开放发展综合试验区,强化政策体系建设和要素保障,着力打造引领全市开放发展、加快新旧动能转换的龙头工程。

当前农村改革发展进入深水区,农业、农村、农民面临一系列问题与挑战,潍坊市把培植农村新产业新业态新主体作为推进新旧动能转换和"四个城市"建设,加快农业供给侧结构性改革的战略举措,在市第十二次党代会报告中提出"提升新型农业经营组织经营管理水平,争做农业'新六产'发展排头兵",要求在发展农业"新六产"、推进农业现代化进程中先行一步,为全省全国创造样板、提供典型。2017年在全省率先出台了《关于加快发展农业"新六产"的意见》,在财政、金融、人才、用地用电等方面引导支持农业"新六产"发展。诸城、寿光等市也制定相关政策,合力推动发展。潍坊构建农业与二三产业跨界融合的现代产业体系,激发了农业农村发展活力,提高了农业质量效益,让农民实实在在增收,初步走出了以农业"新六产"引导现代农业发展的新路子。潍坊模式通过创新农业生产的组织形式、经营体制和运行机制，把农民与市场紧密连接的路子，通过打造"新六产"提升到了更高的水平。

农业产业化有其不断完善、不断提升的过程，只有立足市情农情，立足创新发展，农业产业化才能更有活力。潍坊农业产业化的实践，使农村生产力如核变般释放，引领农业发展30多年，形成了产业全链条、全域品牌矩阵，加速了农业现代化进程。

第三节　潍坊模式中的典型案例

案例一：打造潍坊模式升级版

农业强不强、农村美不美、农民富不富，决定着全面小康社会的成色和社会主义现代化的质量。作为农业大市的潍坊可以说是中国农业农村改革的试验区。从改革开放伊始到今天，潍坊敢领风气之先，敢于探索创新，从改革开放初期在全国率先推行农业产业化，探索出一条引领中国农业走向现代化的必由之路，到今天全力创建潍坊国家农业开放发展综合试验区，争创农业"新六产"发展排头兵，在推进农业现代化进程中又先行一步。

"改革是乡村振兴的重要法宝。"我国农业现代化的历程，实质上是一个不断冲破旧的体制机制束缚、解放和发展农村生产力的过程。潍坊市农业农村发展的优势，归根结底也是靠改革开放形成的。推进乡村振兴，一定要继续用好改革开放这关键一招，着力破除体制机制障碍，让农村资源要素活起来，让广大农民的积极性、创造性释放出来，让全社会支农助农兴农力量汇聚起来，形成乡村振兴的巨大内生动力。

潍坊农业沿着改革开放的大道走向全国，正是得益于潍坊的农业产业化创新发展体系的推陈出新、不断丰富。从推广农业产业化这一分试验田到"全环节升级、全链条升值"的全域高端品牌矩阵，潍坊持续创新打造农业高质量芯片，质量、效益和竞争三大优势叠加引领潍坊现代农业走在前列。

绵绵用力，久久为功。也正是坚定不移地持续探索实践，让潍坊市成功地跨越农业产业化"试验场"，阔步迈向农业高质量发展的"示范区"，寿光模式、诸城模式、峡山模式、安丘模式等重要品牌丰富了潍坊模式的全域品牌化，让农业产业化这一分试验田精耕细作成为"全环节升级、全链条升值"

的全域高端品牌矩阵，打造了潍坊农业走在前列的质量优势、效益优势、竞争优势，优势叠加成为潍坊农业始终走在前列的动力引擎。

潍坊模式缘何历久弥新？"三个模式"是潍坊以高度的自觉创新和政治站位，在农业产业化创新发展、农业标准化生产、品牌农业、乡村振兴等方面先行先试、率先突破，构建起符合农业高质量发展要求和未来发展方向的制度体系，打造推动农业高质量发展的全国样板，持续为全省、全国农业农村改革发展提供潍坊方案、潍坊模式和潍坊经验。

潍坊模式始终坚持以解放和发展生产力为根本目的。坚持什么制约发展就破除什么，哪个方面制约生产力发展就围绕哪个方面进行改革。

以发展农业产业化来说，潍坊的各县市几乎都创造性地走出了一条因地制宜的县域农业改革发展之路，在我国农业发展历程中具有重要的意义。其中寿光走出了这样一条县域农业改革发展之路：牢牢把握农业供给侧结构性改革这条主线，通过持续创新的科技化、不断提质扩面的标准化、专业分工与协同合作的组织化，逐步形成了以市场为导向、以安全为底线、以科技为动力、以品牌为引领、以标准化生产为抓手、以组织化发展为路径的"六位一体"现代农业生产经营体系，在此基础上，向全国输出技术、人才、标准、问题解决方案，带动全国农民增收致富。

改革开放初期，潍坊模式促成了人们从"吃不饱"到"吃得饱"的转变。随着我国社会经济水平的提高，潍坊市又引领安全、优质、高效、品牌农业发展，出现了峡山模式和安丘模式等典型。峡山区高起点起步发展有机农业，先后创建为"国家有机产品认证示范区""国家级出口食品农产品质量安全示范区""国家生态原产地产品保护示范区"，成为全国"三区"共创唯一单位。安丘在全国率先提出并实施了出口农产品质量安全示范区建设，以安丘模式为主要内容的《初级农产品安全区域化管理体系要求》国家标准正式在全国颁布实施。

"农业农村工作，说一千，道一万，增加农民收入是关键。"这是以人民为中心的发展思想的根本体现。潍坊模式始终把大力促进农民增收、提高劳动生产率作为出发点和落脚点。把农民的钱袋子鼓起来没有作为检验乡村振兴成效的重要尺度，一以贯之地抓住增加农民收入这个关键，着力开拓农民增收新空间、新渠道，让广大农民更加富裕，不断缩小城乡居民收入差距。

以蔬菜为例。蔬菜产业是潍坊农业产业化发展的一个缩影。全市蔬菜总产量由 1990 年的 207 万吨提高到 2000 年的 1002 万吨，十年翻了 4.8 倍。农村居民人均可支配收入由 1990 年的 764 元提高到 2000 年的 3437 元，十年增长了 3.5 倍。

以寿光市为例。1989 年，成功研制了冬暖式蔬菜大棚后，县委书记王伯祥亲自抓，第二年寿光发展起 5000 个蔬菜大棚，蔬菜收入增加 1 亿元。随着改革开放的推进，拓展农业产业链条，以新技术、新设备、新模式的集成推广，不断推动寿光蔬菜产业实现由"传统蔬菜种植""中低端""种菜卖菜"向"创新驱动""高端品质""育种卖苗"转变。到目前蔬菜面积发展到 60 万亩，总产量 45 亿千克。全市 80% 以上的园区蔬菜以品牌的形式进入北京、上海等 20 多个大中城市的 400 多个连锁超市和高档社区。种苗年繁育能力达到 15 亿株，自主研发蔬菜新品种 50 个，国产蔬菜品种市场占有率由 2010 年的 54% 提高到目前的 70%，种业研发正在抢占着现代农业制高点。自 20 世纪 90 年代开始，以冬暖式大棚蔬菜种植技术的首创者王乐义为代表的寿光人就无偿向全国 30 多个省市传授蔬菜种植技术，到今天，新一代科技型农民，还走出国门，到美国、韩国、非洲等国家地区种菜，让寿光蔬菜产业在全球落地开花。

又如，诸城市将农业产业化发展作为促进经济发展、带动农民增收的关键措施，创新方式，完善政策，积极探索和创新"龙头企业 + 合作组织 + 农户""龙头企业 + 农场（基地）+ 农民"等经营模式，不断推动农业产业化深化升级，在农村社区化服务、经济合作组织发展、土地经营权流转、现代农业发展等方面进行了一些有益探索，取得了明显成效。全市 90% 的农产品得到了就地加工转化增值，农民收入的 75% 以上来源于农业产业化经营，形成了农作物品种多样性、结构布局基本合理、可持续循环发展的农业产业布局。

"潍坊市还是一个农业出经验的地方"成为诠释潍坊农业农村工作推陈出新走向全国的一句经典话语。历届市委、市政府牢牢握住了以人民为中心聚焦"三农"战略定位的接力棒，积极探索、大胆实践，创造性地回答了农业农村要实现什么样的发展、如何实现发展的重大问题，形成了以创新引领农业发展、转型升级的鲜明特色，凸显了质量优势、效益优势、竞争优势，让农业成为潍坊的一块金字招牌，历久弥新，也让"三个模式"成为范例。

步入新时代，要再创潍坊农业农村发展新优势，确保潍坊乡村振兴走在前列，开启潍坊模式发展新篇章。

在 2018 年中央农村工作会议上，习近平总书记对实施乡村振兴战略作出全面部署，提出要走中国特色社会主义乡村振兴的"七条之路"。在全国"两会"期间参加山东代表团审议时，习近平总书记强调要加快推动乡村"五个振兴"（产业振兴、人才振兴、文化振兴、生态振兴、组织振兴）。2018年6月份习近平总书记视察山东，结束时发表重要讲话，强调要扎实实施乡村振兴战略，推动农业全面发展、多样化发展、高质量发展，增加农民收入，打好脱贫攻坚战。之后习近平总书记又作出重要指示，指出要坚持乡村全面振兴，抓重点、补短板、强弱项，要求把实施乡村振兴战略摆在优先位置，"五级书记"抓乡村振兴，让乡村振兴成为全党全社会的共同行动。这些重要讲话、重要指示精神，为我们实施乡村振兴战略指明了方向。

打造潍坊模式升级版，要对标习近平总书记重要讲话、重要指示精神，精准把握实施乡村振兴战略的核心要义和肩负的使命责任。要准确把握"全面振兴"这个根本要求，着力解决工作中单打一、顾一头的倾向，统筹谋划农村经济、政治、文化、社会、生态文明建设和党的建设，推动农业全面升级、农村全面进步、农民全面发展。要准确把握"融合发展"这个大趋势，加快建立健全城乡融合发展的体制机制和政策体系，推动人才、资本、科技等各类要素在城乡之间顺畅流动，加速提升以工业化、服务化理念引领农业发展的水平，加速农村"三生"融合，建设农民宜居宜业的幸福家园。要准确把握"农民增收"这个关键，把农民的钱袋子鼓起来没有作为检验乡村振兴成效的重要尺度，着力开拓农民增收新空间、新渠道，不断缩小城乡居民收入差距。要准确把握"改革开放"这个关键一招，着力破除体制机制障碍，让农村资源要素活起来，让广大农民积极性、创造性释放出来，让全社会支农助农兴农力量汇聚起来，形成乡村振兴的巨大内生动力。要准确把握"健康有序"这个基本要求，保持足够的历史耐心和久久为功的定力，注意当前和长远相结合，科学规划，科学组织，扎实工作，久久为功，确保有序推进。

打造潍坊模式升级版，要加速由注重产业发展向全面实施乡村振兴战略跨越，与中央和省乡村振兴战略规划相衔接，从实际出发形成有潍坊特色的乡村振兴路子。在推进过程中，要坚持以新发展理念引领，加快转方式、转模式、转机制，走创新、绿色、开放、协调、共享发展的路子，推动乡村振兴高质量发展。

打造潍坊模式升级版，要加快"六个转变"、推动"六个融合"、加速"六个升级"。一是加快转变发展模式，大力推动产业融合，加速产业发展质效升级。顺应产业结构、消费结构升级需求，抢抓历史机遇，坚持质量第一、效益优先，充分发挥潍坊市农业基础优势、科技优势、开放优势，做精做优农业，做大做强农副产品精深加工业，大力发展乡村服务业，加快农业供给侧结构性改革，加速推动农业融合发展、高质量发展，打造农业"新六产"示范区。二是加快转变发展方式，大力推动"三生"融合，加速农村生态环境升级。要更加自觉践行绿水青山就是金山银山理念，把农村人居环境整治、农业增效、农民增收统一起来，完善生态规划，扎实开展好农村人居环境整治三年行动，加速打造宜居宜业宜游的美丽乡村，推动有条件的乡村打造景观乡村，让良好生态资源加快升值，成为乡村振兴的支撑点和引爆点。三是加快转变生活方式，大力推动城乡功能融合，加速农村生活品质升级。顺应广大农民的新期待，坚持规划先行，坚持分类指导，突出打造特色风貌，加强基础设施互联互通，提升公共服务水平，大力加强农村新型社区建设，建设美丽宜居家园。四是加快转变增收方式，大力推动集体经济发展与农民致富融合，加速农村集体经济实力与农民收入升级。把"两个收入"总量和增幅作为检验打造潍坊模式升级版成效的核心指标，作为评价乡村振兴成效的主要依据，明确目标，落实责任，全力突破。要摸清集体经济底数，大力培育集体经济组织，提升集体资产经营能力，千方百计发展壮大乡村集体经济。要着力增加农民经营性收入、财产性收入、劳务性收入和政策性收入，千方百计拓宽农民增收渠道。五是加快转变文化价值观，大力推动传统文化与现代文明融合，加速乡风文明升级。要大力弘扬社会主义核心价值观，加强农村思想道德建设，传承发展农村优秀传统文化，深入实施乡村文明行动，改善农民精神风貌，提高乡村社会文明程度，焕发乡村文明新气象。六是加快转变乡村治理方式，大力推动治理力量融合，加速乡村治理水平升级。要强化基层党组织的领导核心作用，强化自治法治德治，强化平安乡村建设，创新现代乡村社会治理机制，努力打造充满活力、和谐有序的善治乡村。

打造潍坊模式升级版，要强化"四个支撑保障"。一是强化规划引领。坚持全域统筹，统筹城乡空间规划，因地制宜、分类指导，市县镇村四级都要加快编制乡村振兴规划，加快形成潍坊市乡村振兴规划体系，切实做到规划先行、有序推进、注重质量、从容建设。二是强化改革开放。要学习先进地区好经验好做法，用改革的办法，加快构建城乡融合发展体制机制，加快农村产权制度改革，强化资源要素支撑，破解发展瓶颈，释放发展活力。要持续扩大开放，提升农产品国际竞争力，实施农业"走出去"战略，强化农业招商引资，全力打造潍坊国家农业开放发展综合试验区。三是强化创新创业。

坚持问题导向，着眼推动以创新促创业、以创业促就业，重点在思想观念、政策环境、平台建设、人才培训等方面进行突破，优化农村"双创"政策环境，搭建农村"双创"载体平台，抓好农村"双创"人才培训，为农村创新创业搭建更大舞台。四是强化组织领导。要严格落实五级书记抓乡村振兴的要求，完善乡村振兴推进机制，坚持整体推进与示范引领相结合，强化督查考评，形成抓乡村振兴的鲜明导向。

不负总书记嘱托，不负新时代机遇，扛起乡村振兴的大旗，贯彻总书记"三农"思想和系列重要讲话、重要指示精神，首先要准确把握总书记这一讲话的深刻寓意和内涵要求，以此为动力，在乡村振兴工作中更加奋发有为、更加担当作为，确保继续走在前列。准确把握总书记"三农"思想的核心要义和中央实施乡村振兴战略的战略意图，坚定信心、埋头苦干，加快打造潍坊模式升级版，推动潍坊乡村振兴走在前列，为打造乡村振兴齐鲁样板贡献潍坊力量。

案例二：高标准践行"两山"理论之临朐模式

临朐县是潍坊市的下辖县，地处山东半岛中部，潍坊市西南部，沂山北麓，弥河上游。东与昌乐县、安丘市毗连，南与沂水、沂源县接壤，北临淄博市、青州市；总面积 1831 平方千米，辖 2 个街道、8 个镇；2018 年总人口 92.5567 万人。随弥河延伸而拉长，临朐城区段垂柳依依，河水如练；弥河上下游一步一景，山青、水碧、河畅、岸绿、景美。

临朐县是国家主体功能区建设试点示范县、文化旅游和休闲养生产业创新发展试验区。新旧动能转换再传喜讯：铝型材定制行业"临朐标准""中国铝型材产业基地""中国铝模板产业基地"，众多桂冠集于一身……这样一座会"呼吸"的生态之城，在潍坊市打造"南部生态涵养区"大框架下，如何把生态禀赋转化为发展优势？生态经济化、经济生态化，扛起生态担当的临朐，锁定生态和发展的融合共生，诠释习近平总书记"两山"理论的深刻内涵。

一、打好量与质的牌，生态与生财两相宜

2018 年 10 月 21 日，中国（临朐）柿文化节在隐士村拉开帷幕，八方游客领略了隐士灾后重建的"速度与激情"。本就火爆的隐士乡村游，乘着全域旅游的东风，深挖柿文化资源，打造"吃住行游购娱养"全产业旅游链条，带来的"后备厢经济"让村民赚得盆满钵溢。

一村一景、一镇一品，临朐打造"乡约临朐"核心品牌，把准了脉再开方，以"三化四好五美"为目标，将传统古村落、农林水利等融入美丽乡村三年行动中，量身打出"示范带动、重点培育、全面推进、彰显特色"组合拳，点上有特色、线上有示范、面上成

临朐石门坊秋景

规模，美丽版图在提质、扩面、全覆盖上全面开花。2018 年已建成 4 个省级旅游强镇、3 个省最美风情小镇和 1 个省特色小镇，新建美丽乡村 60 个。

问计供给侧，打造旅游经济升级版，临朐"旅游 +"以相加之法得相乘之效，将美丽乡村与景区建设、生态农业、有机林果等业态深度融合、跨界发展，逐步形成北部花卉苗木、中部林果瓜菜、南部黄烟的板块产业，山旺大樱桃、杨善西瓜等 17 个地标农产品，年可为农户增收 2 亿元；森林旅游、苗木花卉等五大林业产业集群年产值可达 7.6 亿元，辅以生态产业支撑体系，"青山绿水"与"金山银山"画上等号。

二、谋好高与低的局，山水临朐从多极到全域旅游

一个山区丘陵面积达 87.3% 的革命老区县，红色文化、镇山、名泉、红叶……资源众多，"生态立县"理念下如何拓宽从"绿水青山"到"金山银山"的转换通道？临朐交出了这样的答卷：探路体制改革，整合县域资源，推动旅游迈向纵深。

2016 年成立全省首家县级全域旅游服务中心，搭建起建管一体、全域旅游格局；2018 年创建全省首家县级文旅发展公司，对县内知名景点实行"投建管营"一体化运作，打造"山水林田湖"休闲度假链条。

按照"打生态牌、唱文化戏、念山水经、走特色路"的要求，临朐每一处落笔都入木三分。"18°温情小镇""薰衣草小镇"等"一镇一品"呼之欲出；"三山两园一谷""旅游 +"八大行动等叫好又叫座；265 千米环西南部乡村旅游专线将重点景区和 50 多个乡村旅游点"串珠成链"；举办山东省乡

村旅游节、中国沂山文化节等大型旅游节会 30 余场次……

亮眼成绩的背后是资源禀赋与经济发展的高度契合，也是对打造乡村振兴潍坊模式升级版临朐特色区的生动注释。据统计，2018 年清明小长假游客总量和旅游总收入同比攀升，分别增长 21.73% 和 19.05%；2018 年国庆节游客过百万。

三、算好舍与得的账，高标准践行"两山"理论

临朐的优势在生态，发展也在生态，而临朐对"生态立县"和"工业强县"的辩证实践为高质量发展定了"调"：要发展不能丢生态，发展为要、生态优先。

生态优先的理念，在临朐几乎是一种从上到下的共识。区域间的激烈竞争并没有动摇临朐对生态的坚守，而是带着对百姓、对生态负责的态度，制发了《关于实施主体功能区规划建设的意见》，将县域面积划分为优化、重点、限制和禁止 4 类开发区，构筑起"一带四区七廊多点"网络化县域生态大格局。

源于临朐把生态优先作为第一考量，活用"加减法"深层发力，围绕现有主导产业择商选资，"亩均论英雄"综合评价体系、产业功能定位、万元产值能耗比、万元投入产出比等指标严把项目准入，2018 年前 10 个月新签约的 18 个过亿元项目，无论块头还是潜力均是"优中选优"，主营业务收入过亿元企业达到 39 家；新旧动能转换倒逼产业再造发展新优势，全县万元 GDP 能耗下降 17.85%、规模以上工业万元增加值能耗下降 23.04%……以更大担当和更高标准践行"两山"理论，临朐勇当南部生态涵养区高质量发展排头兵。

案例三：安丘现代农业高质量发展模式

安丘市位于山东半岛中部，是国务院批准的首批沿海对外开放县市之一。安丘交通便利，区位优势明显，处于青潍日组团的中心区域，是山东半岛蓝色经济区和胶东半岛高端产业聚集区的叠加区、潍坊市半小时经济圈内的卫星城。西距省会济南 200 千米，东距青岛 110 千米，国道 206 线、省道下小路、央赣路等多条交通干线交会于境内，胶济铁路和济青、潍莱、青兰高速公路临境而过，潍日高速公路贯穿市境南北，规划建设的京沪高铁二线将在安丘设站，建成后北上北京 2 个小时，南下上海 3 个小时。

安丘资源丰富，生态环境优美。地处鲁中山区东北边缘，属暖温带湿润季风区，气候温和，四季分明。地势西南高、东北低，境内平原、丘陵、山

区约各占三分之一。全市共有潍河、汶河、渠河、洪沟河、史角河等大小河流 56 条，其中大汶河贯穿城区。有大中小型水库 130 座，总蓄水量 4.47 亿立方米，是潍坊市中心城区的重要水源地。有太平山、摘月山、虎眉山、擂鼓山、大安山、城顶山、留山等海拔 400 米以上的山头 36 座。建成 4A 级景区 3 处、3A 级景区 5 处，国家湿地公园 2 处、国家森林公园 1 处，全国特色景观旅游名镇 2 个、省级旅游强乡镇 4 个，被评为"省级森林城市"和"省级优秀旅游城市"。

安丘产业体系完善，经济发展后劲充足。工业发展迅速。机械装备、食品工业等传统支柱产业加快转型升级，节能环保、电子信息、生物医药、新能源、新材料等新兴产业不断发展壮大。近年来，先后引进建设了闰成石化、渠风食品、歌尔精密制造等一批科技含量高、带动能力强的大项目，全市规模以上工业企业达到 339 家，高新技术企业发展到 28 家，建成潍坊市级以上工程技术研究中心、企业重点实验室等创新研发平台 120 多家，院士工作站 2 家。拥有中国名牌产品 3 个、中国驰名商标 8 件，景芝酒业公司荣获全国质量奖。农业独具特色。农产品资源丰富，盛产小麦、玉米、小米、花生、樱桃、草莓、大姜、大蒜、黄烟等多种农产品，是中国蜜桃之乡、姜蒜之乡、草莓之乡、樱桃之乡和桑蚕之乡。近年来，在全国率先启动实施了出口农产品质量安全区域化管理，被省政府和国家市场监督管理总局确定为"安丘模式"在全省、全国推广。全面推行全行政区域、全品种覆盖的食用农产品产地准出二维码追溯制度。建成农业标准化种植示范基地 222 个、畜禽养殖标准化示范场 176 个。策划实施了"安丘农耕"区域公用品牌，"三品一标"农畜产品发展到 392 个，其中国家地理标志产品 8 个。潍坊市级以上农业龙头企业发展到 94 家，其中省级以上 8 家、国家级 1 家。安丘市年加工农产品 260 多万吨，出口日韩、美国、欧盟等 50 多个国家和地区，创汇 3.6 亿美元。争创为"全国果菜茶有机肥替代化肥示范县""全国畜禽粪污资源化利用试点县""省级畜牧业绿色发展示范县"。服务业日趋繁荣。电子商务、乡村旅游、健康养老养生、金融服务等现代服务业快速发展，被评为"省电子商务示范县""省休闲农业和乡村旅游示范市"。建成了中百佳乐家、银座商城、泰华城等大型商贸设施，引进建设了颐高电子商务产业园、盛大农产品交易市场、齐鲁酒地文化创意产业园、歌尔庄园、柘山乡情等重点服务业项目。2018 年，安丘市实现社会消费品零售总额增长 8.9%。安丘市电商企业、网店发展到 2000 多家，银行业金融机构发展到 13 家，截至 2018 年末，全市金融机构各项存款余额 328.6 亿元，比年初增加 22.8 亿元；贷款余额 380 亿元，比年初增加 26.5 亿元。

安丘城市功能完善，承载能力较强。城市规划区面积达到 197 平方千米，建成区面积 62.2 平方千米，城市建成区绿化覆盖率达到 40.7%，交通、电力、通讯、污水处理等基础设施完备，文化、教育、卫生、体育等公共服务设施齐全。小城镇建设日新月异，景芝镇、凌河镇被评为全国重点镇和山东省中心镇，景芝镇被确定为省"百镇建设示范行动"示范镇和潍坊市区域重点镇，郚山镇被确定为潍坊市中心镇。规划建设安丘创智谷、安丘农谷、复合新材料产业园、动力产业园等特色产业园区；打造金安、昌安 2 处小微企业孵化产业园，为项目引进建设和产业转型升级搭建了良好平台。

安丘是一个农业大市，现有耕地 144 万亩，年产优质食用农产品 460 多万吨，其中出口 70 多万吨。近年来，安丘市坚持把深化提升安丘模式作为乡村振兴的突破口，加快推进农业由增产导向转向提质导向，全面提高农业供给质量和产出效益，促进农业农村发展动能转换，为打造潍坊模式升级版和乡村振兴齐鲁样板贡献了力量。安丘市连续 7 年被确定为"全国出口食品农产品质量安全示范区"，2017 年蔬菜出口检疫货值为 6.5 亿美元，分别占潍坊市的 68.6%、全省的 16.8%。

多年来，安丘市在探索现代农业高质量发展方面积累了大量的经验，为乡村振兴和产业振兴奠定了良好的基础。其主要做法包括以下几个方面。

一、以安全为核心，实施"双准入一准出"，实现"质量无担忧"

一是农化品准入。对农业投入品严格实行告知备案、连锁直营、联合执法封闭式管理。发布违禁农兽药名录，凡在安丘销售的农兽药实行先备案后销售，对 556 个农兽药生产企业的 3329 个农兽药产品进行了备案。对 35 家农兽药批发企业和 973 家零售店全部实行连锁直营，全面推行实名制购买。将全市划分为 14 个农业监管片区、103 个网格、860 个关键控制网点，聘任村级食品农产品质量安全协管员 1229 名、防疫安全协管员 104 名，定岗、定责、定人、定事，构建起市镇村三级联动的监管网络。成立联合执法队伍，开展常态化、拉网式、全覆盖执法，并建立有奖举报制度，始终保持对违法违规经营使用农业投入品的高压态势。

二是产地准出。坚持"你送我检、政府买单"，全区域、全品种、全产业链覆盖。实行产地准出二维码追溯制度，为安丘食品农产品贴上质量安全的

"身份证"。投资 3000 多万元，提升了市级食品农产品检验检测中心，设立 102 个服务半径 2 千米的社区固定检测站、20 个畜产品检测站，购置 17 台流动检测车，通过政府购买服务方式配备 106 名专业检测人员，总数达到 460 名。对农产品从土、水、肥、种、药等各个环节全程监管，逐地块、逐品种建档立卡。在市农安办、农业局、畜牧局、检验检测中心建立市级二维码追溯平台，消费者扫码可获取农产品信息，实现全程质量可追溯。目前，实施产地准出管理的食品农产品种类达到 42 种，累计上传产地准出信息 79.1 万批次，生成二维码 15.1 万批次。

三是市场准入。投资 1300 多万元，对 9 家规模较大的城区农贸市场进行了升级改造，配套建设检测室；在重点商场超市、学校食堂设立 28 个快检室，配备专（兼）职农产品质量安全管理人员，引进第三方检测机构，加大抽检频次，开展"你点我检"免费检测服务，日均快检 600 多批次。对进入市场的食用农产品严格审验产地准出二维码或检验检疫合格证明，不合格的禁止入市，并启动质量追溯程序，倒查问题产品根源，依法处置到位，以严格的市场准入倒逼生产者执行产地准出。

二、以优质为导向，完善"三个体系"，实现"品质有保障"

一是质量标准体系。坚持"有标贯标、无标建标"原则，全面推广实施 33 个良好农业操作规范；聘请 13 名专家组建农业综合标准化研究所，研究制定了 6 大类 40 个安丘地方标准综合体，参与制定的《初级农产品安全区域化管理体系要求》国家标准在全国实施，安丘市创建为全国首个全行政区域、全产业链覆盖的国家级农业综合标准化优秀示范市。按照"六统一"标准，支持新型农业经营主体采取"公司＋基地＋标准化""合作社＋基地＋标准化"等模式，大力发展标准化种养基地、家庭农场、休闲农庄，建成 199 个标准化种植示范基地、50 个畜禽养殖标准化示范场、1265 个家庭农场、30 个重点休闲农庄。每年举办培训班 150 多期，培训农民 2 万多人次，标准化生产已成为广大农民的自觉行动。

二是科技创新体系。与中科院、中国农科院、中国林科院、国家林业和草原局文冠果工程技术研究中心、加拿大圭尔夫大学等科研院所以及中国蔬菜协会、国家桃产业协会、中国樱桃协会等协会合作，设立根茎类蔬菜技术研发中心、安丘大姜良种资源中心、林果技术研发中心、土壤改良中心等研发机构，新规划建设 20 个农业科技示范园，引进研发推广农业新品种、新技术、新模式。2018 年以来，改良引进生姜、大葱等良种 171 个，推广测土配方施肥、病虫害绿色防控等良法 82 种，良种化率达到 98% 以上。抓住被确定为"全国果菜茶有机肥替代化肥示范县""全国畜禽粪污资源化利用试点县"的机遇，市财政每年拿出 3000 万元推广使用有机肥，打造全国有机农业示范区。建设了 3 处区域性畜禽粪污处理中心、167 处畜禽粪污处理设施，推广使用有机肥 7.6 万亩。

三是社会化服务体系。按照"主体多元、服务多样、多方受益"的思路，大力发展以政府为主导的公共性服务、以专业经济组织为主体的托管性服务、以农业龙头企业为依托的经营性服务。目前，安丘市已发展农业社会化服务组织 120 多个，注册标准化农业社会化服务公司 80 多家，从业人员 7500 多人，服务农田占全市耕地总面积的 44%。2018 年以来，投资 1.2 亿元，新规划建设了 18 处为农服务中心，为新型农业经营主体和广大种养户提供农药、化肥、种子等安全农资，开展土地熏蒸、深耕深松、农药喷施等"保姆式""菜单式"托管服务。沃华农业科技公司引入工厂化生产理念，建设大葱标准化育苗工厂，每年向社会提供 1.5 万亩、4.5 亿株大葱良种种苗供应，土地翻耕、葱苗移栽、大葱收获等社会化服务面积达到 9966 亩。

三、以效益为根本，加快动能转换，实现"产出高效益"

一是园区带动。针对农产品本地加工增值率不高的短板，安丘市规划建设了总投资 120 亿元、占地面积 1.1 万亩的"安丘农谷"。"安丘农谷"集农产品精深加工、农业科技推广、冷链物流等功能于一体，推动产业集聚、服务集成、资源集约发展，加快实现产业链、价值链、创新链"三链协同"，提高农业全产业链的生产效率。目前，已引进中众合物流园、沃华农业科技育苗中心、洪腾食品等项目 12 个，被确定为首批"国家农村产业融合发展示范园区创建单位"。

二是品牌提升。品牌优势不突出、农产品优质不优价是制约安丘农业发展的最大瓶颈。为提升安丘农产品的区域影响力和美誉度，深入实施"品牌强农"战略，鼓励引导新型农业经营主体加大品牌创建力度，搞好品牌运营。目前，安丘市已发展"三品一标"农产品 392 个，其中国家地理标志产品 8 个，"安丘大姜""安丘大葱"被纳入欧盟地理标志产品保护范围。2017 年，策划运营了"安丘农耕"区域公用品牌，注册"安丘农耕"农产品区域公共品牌商标，以政府信誉为安丘农产品背书，线上与线下并行、政府与市场联动，统一对外宣传推介。目前，已授权新型农业经营主体 20 多家，筛选包装特色农产品 89 种，平均溢价率达到 25% 左右。

三是农商互联。重点建设了农业大数据平台、智慧农业平台、电子交易平台"三大平台"。农业大数据平台方面，主要建设安丘农业大数据运营中心"1 个中心"，种养过程安全监管、生产加工仓储物流等"6 个子平台"，品牌推广、电子商务等"28 个系统应用"，构建"互联网 + 农业"信息服务体系。智慧农业平台方面，与海尔集团合作，实施海尔 COSMOPlat 安丘农业物联生态诚信体系项目，把安丘的优质农产品"嫁入"海尔智能家庭等触电网络，借助平台先进的智能物联技术，推动农业种植、管理、加工、物流等全流程智能互联，打造订单农业新型模式和智慧农业示范区。电子交易平台方面，筹建九州农产品电子交易平台，为生姜等大宗农产品买卖提供网上交易、网上支付、物流管理、行情分析等服务，实现大宗农产品的订单、竞买、招标、挂牌等多种交易，从而赢得农产品定价话语权，规避农产品价格剧烈波动带来的风险。

第四节　潍坊模式的实践意义

潍坊模式的发展呈现出总体性和整体性的特点，实现了内生性发展，建立了小农户与现代农业发展的有机衔接，充分实现了一二三产业的融合发展，建成了各具特色的发达县域经济，实现了农村经济发展和社会治理的同步推进。潍坊模式的成功在于正确处理市场与政府关系、始终坚持整县推进，正确处理了城乡关系，是中国经验、中国道路的有机组成部分。

因此，由潍坊模式看实施乡村振兴战略有几个关键问题。一是要更加深刻地认识和把握实施乡村振兴战略的认识论和方法论意义；二是要着眼于农业农村，优先发展推进农村土地制度改革，增加农村内生性动力；三是要发展农村集体经济多种实现形式，发挥集体经济综合功能；四是要积极鼓励农民返乡创业，构建良性乡村治理体系；五是要特别注意保护小农户利益，避免"平均数掩盖大多数"。

第六章　经典模式之寿光模式

寿光市是山东省潍坊市下辖的一个县级市，位于山东半岛中北部，渤海莱州湾南畔。总面积 2072 平方千米，辖 14 处镇街道，1 处生态经济园区，975 个行政村，人口 110 万，是"中国蔬菜之乡"和"中国海盐之都"。先后荣获"全国文明城市""国家生态园林城市""国家卫生城市""国家环保模范城市"等荣誉称号，是中央确定的改革开放 30 周年全国 18 个重大典型之一，被确定为纪念改革开放 40 周年集中宣传和推广的典型。2019 年，全市实现财政总收入 160.9 亿元，一般公共预算收入 94.4 亿元；规上工业企业营业收入达到 1744.4 亿元，金融机构各项存款余额达到 1064.3 亿元。是中宣部"壮丽 70 年·奋斗新时代"大型主题采访活动全国 3 个县之一。山东省庆祝 2019 年中国农民丰收节在寿光市成功举办，王伯祥同志、王乐义同志被评为全国"最美奋斗者"。2019 年度城乡居民评价列全省各县市区第二位。改革开放以来，寿光以蔬菜产业化引领农业与非农产业协调发展，带动农民富裕、城乡融合、农村城镇化，被称为农业农村现代化的寿光模式，在全国起到了良好的示范引领作用。数据显示，如今寿光每年有 8000 名以上农业技术人员在全国 30 多个省（区、市）指导农业园区建设或蔬菜生产；而作为设施蔬菜重要发源地，寿光大棚蔬菜面积已发展到 60 多万亩，科技进步对农业增长的贡献率达到 70%。

第一节　寿光模式的基本内涵

寿光模式是对寿光在蔬菜产业的生产、销售、技术、会展和标准输出等不同发展阶段改革创新经验的概括。从改革开放初期到1989年，寿光市以建设蔬菜批发市场为突破，带动蔬菜生产走向商品经济舞台。1989年以来，以冬暖式蔬菜大棚研制推广为标志，寿光市在全国掀起了一场"白色革命"，一举改变了我国北方冬季吃不到新鲜蔬菜的历史，奠定了寿光"中国蔬菜之乡"的地位。从2000年开始，寿光开始举办中国（寿光）国际蔬菜科技博览会，搭建起了农民与农业高新技术、农产品与市场对接的桥梁，吸引聚集国内外高端要素特别是科技创新资源，提升发展层次。近年来寿光开始向全国输出技术、人才、标准以及问题解决方案，带动全国农民增收致富，加快向农业现代化迈进。

寿光无土栽培红薯

寿光模式的基本内涵是，依托良好的自然条件、深厚的蔬菜文化基础、和谐的社会发展环境，充分发挥政府推动、党员干部带动、市场拉动、创新驱动等发展要素的作用，以蔬菜产业化为龙头，带动了育种育苗、生物制药、技术研发、产品营销、食品加工、物流运输、会展经济、社会金融保险服务及农业农村观光旅游等多产业、多部门、多行业的发展。发展引发了人口、资本、技术、信息等生产要素在空间上的优化配置，促进了蔬菜生产基地化、园区化，进而出现了农业产业化，推动了特色城镇和农民市民化的过程，体现了产业富民、产城互动、城乡融合，为我国贯彻乡村振兴战略、扎实推进农业农村现代化进程提供了可借鉴的经验。下一步，寿光要在蔬菜品牌化、农业工厂化、农民职业化、乡村宜居化、城市智慧化、城乡一体化"六化"持续用力，打造乡村振兴的齐鲁样板。

第二节 寿光模式的形成过程

寿光是全国冬暖式蔬菜大棚的发源地。20 世纪 80 年代末，寿光市三元朱村党支部书记王乐义发明了冬暖式蔬菜大棚，在冰天雪地里种出了反季节蔬菜。这次中国蔬菜生产方式的革命，使绝大多数的中国老百姓告别了冬天只有白菜、萝卜可吃的状况。这项技术一举确定了寿光全国蔬菜购销中心的地位。寿光市成功研制了冬暖式蔬菜大棚后，时任县委书记王伯祥亲自靠上抓，第二年寿光发展起 5000 个蔬菜大棚，蔬菜收入增加了 1 亿元。随着改革开放的推进，拓展农业产业链条，以新技术、新设备、新模式的集成推广，不断推动寿光蔬菜产业实现由中低端传统蔬菜种植下的"种菜卖菜"向高端品质下的"创新驱动""育种卖苗"转变。种苗年繁育能力达到 15 亿株，自主研发蔬菜新品种 50 个，国产蔬菜品种市场占有率由 2010 年的 54% 提高到目前的 70%，种业研发正在抢占着现代农业制高点。自 20 世纪 90 年代开始，以冬暖式大棚蔬菜种植技术的首创者王乐义为代表的寿光人就无偿地向全国 30 多个省区市传授蔬菜种植技术，到今天，新一代科技型农民还走出国门，到美国、韩国、非洲等国家地区种菜，让寿光蔬菜产业在全球落地开花。

针对当地蔬菜特色，寿光市于 2000 年开始举办中国（寿光）国际蔬菜科技博览会。这一盛会除了使"寿光蔬菜"这一名头更响，还带动了当地旅游业的发展，改变了寿光城市面貌。寿光并不是一个传统的旅游城市，旅游资源比较匮乏，但是中国（寿光）国际蔬菜科技博览会每年吸引众多国内外游客前来参观，大大推动了寿光旅游业的发展；寿光市每年围绕菜博会，举办一系列文化活动，如探

2019 年寿光菜博会展示的番茄树

讨蔬菜产业发展前景的高峰论坛、"农圣"文化研讨会、科技大讲堂，吸引了国内外学者们前来进行学术交流，成为高雅艺术和通俗文艺有机结合的大舞台。而随着越来越多的参观者来到寿光，市政府也加强城市园林建设与民众素质教育，内外兼修，提升内涵。

质量与食品安全是蔬菜产业的生命，寿光模式在新时期要引领中国蔬菜的质量标准。刘家义书记到寿光调研时指出："寿光不仅要打造全国蔬菜基地，还要探索建立蔬菜生产的寿光标准，进而形成全国标准、世界标准。"为加快蔬菜产业提质增效转型升级，推动蔬菜优质化品牌化发展，全面提升蔬菜质量标准水平，全国蔬菜质量标准中心在寿光成立。2018 年 7 月 12 日，农业农村部党组成员宋建朝、山东省副省长于国安共同签署了省部共建合作备忘录，并为全国蔬菜质量标准中心揭牌。全国蔬菜质量标准中心建设任务力争到 2020 年基本完成。中心将建设成为蔬菜全产业链标准集成和研发中心、蔬菜质量安全评估和预警中心等，成为全国蔬菜产业技术信息的汇集地、发散地，成为蔬菜产业发展的风向标。

第三节　寿光模式的实践意义

寿光模式发轫于寿光，成长于齐鲁，成熟于神州大地。在中国特色社会主义新时代，通过完善"寿光标准"，擦拭"寿光制造"品牌，发挥蔬菜产业总部经济的带动辐射作用，带动了全国群众致富增收，为推动乡村振兴提供了可复制可推广可借鉴的经验。

"寿光标准"为乡村振兴增添活力。"寿光标准"体现了"寿光自信"和"寿光担当"。自信源于生动实践中积累起来的成熟经验，担当源于对农业农村现代化的坚定追求。从 2012 年开始，寿光蔬菜大棚开始走出当地，在全国各地开花结果，实现了从原来的传播经验到以公司为主体传播技术和标准的"蝶变"。统一规划建设、统一基础设施配套、统一种子种苗、统一技术标准、统一水肥植保、统一品牌营销，分户经营，"六统一分"的模式在全国 20 多个省市成熟完善。全国新建大棚中一半以上都是按照"寿光标准"来种植，这既体现了"寿光标准"的优势，又展现了"寿光标准"的活力。

"寿光制造"为乡村振兴注入动力。"寿光制造"背后是对改革的持续深化，是对创新的不懈探索，是对技术的精益求精。从"种菜卖菜"到"育种卖苗"，蔬菜产业"芯片"有了"寿光制造"。目前，寿光种子研发经营企业达到 433 家，年总销量 6.3 万千克，国产蔬菜品种市场占有率由 10 年前的 40% 提高到现在的 70%，成为中国最大的蔬菜种子研发地。寿光通过改革创新，不断优化资源配置，为蔬菜产业高质量发展注入绵绵动力，全面带动农民致富、乡村振兴。

寿光模式为乡村振兴蹚出新路。寿光模式是伴随着改革开放的春风，浸润着寿光人的奋斗汗水，在齐鲁大地上培育出来的。正因如此，寿光模式具有旺盛的生命力，也具有强大的辐射带动力。在全国 20 多个省市建立的蔬菜高科技生产基地，俨然就是乡村振兴的一座座前沿"阵地堡垒"，通过集成化输出，不断向全国输出技术、人才、标准、农业问题解决方案，逐渐形成全国的蔬菜交易总部、价格的形成总部、模式的输出总部、种子的研发总部。事实证明，寿光模式已经成为推动农业农村现代化、实现乡村振兴的重要引擎。

寿光模式不仅开辟了一条提高农业产业化水平、推进农业高质量发展之路，而且探索出了一套基层社会治理的好经验、好做法。寿光积极推进三位一体建设，有力地提升了基层社会治理的现代化水平。特别是寿光实施农村综合治理，取得了显著成效，维护了基层的社会稳定。长期以来，寿光注重社会治理与经济建设协调发展，努力为本地经济社会发展提供强有力的支撑和保障。坚持和发展好寿光模式对提升全省基层治理水平，有很重要的借鉴和示范作用，对打造享誉全国的"平安山东""法治山东"具有极为重要的促进作用。下一步，寿光要始终坚持党对社会治理的全面领导，充分发挥党组织在社会治理中的领导作用。要始终坚持以人民为中心的发展理念，充分发挥社会主义制度的优越性。要始终立足新时代，面向现代化。充分发挥县域在社会治理中承上启下的作用，加快基层治理的现代化水平，建设更高层次的平安寿光、法治寿光。

山东决不辜负习近平总书记的殷切期望，一定要坚决落实好刘家义书记讲话要求，坚定扛起创新提升"三个模式"的政治责任，努力在新时代赋予"三个模式"新内涵，探索形成新规范、新标准，实现新作为。要在创新提升"三个模式"上勇于探索实践，重点在科技创新上勇于探索实践，给农业插上科技翅膀；在绿色发展上勇于探索实践，推进绿色兴农、质量兴农；在农业开放上勇于探索实践，建设好国家农业开放发展综合试验区；在融合发展上勇于探索实践，培育农业农村发展新动能；在补齐农村短板上勇于探索实践，建设生态宜居美丽家园；在深化农村改革上勇于探索实践，释放农业农村发展新活力。要着力强化创新提升"三个模式"的推进措施，坚持标准引领，注重分类施策，尊重基层首创，实行典型带动，强化支撑保障。要力戒空谈，扎实扎实再扎实，落实落实再落实，以新的成效回报习近平总书记的期待，回报广大群众的期盼。

第三篇 乡村振兴齐鲁样板之创新模式

第七章　创新模式之田园综合体模式

第一节　田园综合体模式的基本内涵

一、田园综合体模式的基本概念

田园综合体是在我国工业化和城镇化发展到新阶段，政府、企业、农民合力发展现代农业建设美丽乡村的新举措，是改善农村生态环境，培育农业新业态，加速城乡一体协同发展的新载体。田园综合体模式的规划、建设和运营坚持企业经营管理理念以实现产业效益，坚持融合可持续发展理念以实现生态效益。田园综合体模式立足乡村农业，创新产业融合，拓展农业功能，顺应了农业供给侧改革的趋势要求，实现了农业生产、农民生活、农村生态的有机统一。党的十九大报告指出，全党工作的重中之重就是要解决好关系国计民生的"三农"问题。要全面解决"三农"问题，实现农业农村农民全面充分发展，必须贯彻实施乡村振兴战略，全面统筹影响"三农"发展的各项因素，加快推动田园综合体模式建设，让田园综合体模式成为实施乡村振兴战略的具体举措和创新实践。

田园综合体模式的基本内涵可归纳为：依托广阔的乡村自然及田园资源，政府、企业、农民共同形成合力，将社会生产、商业行为和人的关联性活动等集聚在一起，是集现代农业、文化旅游、田园社区等多功能、多业态综合运营的乡村社会系统。田园综合体模式是新时代乡村振兴的新抓手，具备与环境共得和可持续发展的经济属性，其实现的基本目标是产业兴旺、农民富

092 | 乡村振兴 齐鲁样板

裕、环境优良和村庄美丽。田园综合体模式从概念上来说，就是跨产业、多功能的综合规划；从具体项目上来说，就是多功能、多业态搭建业务结构的综合运营。跨产业、多功能，即超越原来的单线思维。例如，原来是片农田，现在要有观光功能；原来是所住房，现在可以同时开个客栈。由此可以看出来，田园综合体模式是突破原有惯常的用途，那么在思想上就要突破惯常思维。这种突破，是顺应文化发展、技术进步、市场演变、制度革新的，准确来说，就是结合供给侧改革探索，激发原来受局限的资产和资源效力，形成乡村社会产业发展的广阔空间。这里说的资产就包括农村土地和房屋资产。

二、田园综合体模式的基本特征

乡村振兴要立足于乡村，田园综合体模式在实践中被证明是乡村的巨大发展潜力。对其特征进行深入分析，可以由点连线、以线带面，发现其对乡村整体建设、县域经济的向好发展均产生正向拉动作用。

(一) 田园综合体模式发展核心是"以农为本"

"以农为本"除了涉及农业，还涉及基础设施、土地整理、产业培育、新老社区开发与建设等一系列问题。第一条线是农业。农业需要规模化、长期化、现代化，重点在于以土地制度改革来实现土地流转合并和土地使用权长期稳定。第二条线是农民。需要提高其从业技能来发展特色精品农业和现代科技农业，在就业和创业上创造更多的机会，以此来提高农民的整体收益。第三条线是农村产业。"农村产业的发展往往受技术、管理等限制，难以与城市工商资本竞争，要建立有效的利益联结机制，防止本地居民在产业发展和利益分享中被'挤出'，停止集体资产被外来资本控制，实现农村产业良性发展"。第四条线是人才和创新。田园综合体模式需要创造新业态、提供新产品，引来消费者、吸引新居民，要创造条件将那些有志于推动乡村发展的各类创新性人才"引进来"，才能迸发出更大的活力。

(二) 田园综合体模式目标是实现"三产融合"

田园综合体模式与传统乡村的农业园区模式有所不同，它改变了过去以单一产业或农作物为主要支撑的局面，在具备一定资源条件的城乡地区，将第一产业、第二产业及第三产业的各种分散资源进行进一步融合。第一产业能实现农牧结合、种养循环，综合利用各种废弃物，形成对生态环境友好的循环系统。第二产业打破过去规模化加工规律，使农产品经过私人定制和精深加工后，更有特点、更富特色。第三产业主要以"文化＋""旅游＋"为主要形式，如增加多样化的文化创意类产品及服务，以及提供多元化的餐饮、住宿、交通、文娱服务业，还可与第一产业相结合产生新业态，满足更高层次的需求。田园综合体模式将传统农业的产业链进一步延伸至上下游产业，形成"农业 +"复合型产业链，聚焦凝练出乡村振兴新发展模式——"三产融合"。

（三）田园综合体模式是生态综合涵养系统

乡村最大的发展优势在于良好的生态环境，能提供绿色安全的生态农业产品。田园综合体模式遵循生产、生活、生态"三生"统一，是符合绿色发展理念的生动实践。在规划和设计田园综合体过程中要遵循生态学原理，既要保护好、利用好原有的自然生态景观，又要符合循环经济和生态文明理念的要求。如"田园东方"项目在雨水收集系统、水体净化系统、河塘系统和生态循环系统上做了很多创新和尝试，形成了有自身特色的生态涵养系统。

（四）田园综合体模式是对乡村文化的传承

中华文化发源于乡村，田园综合体模式为传承和发展我国传统农耕文化提供了契机，为乡村文化提供广阔的创作空间和良好的传承平台。田园综合体模式在特定的农业生产、乡村民俗、农家生活环境空间基础上，在乡村这个大舞台上，汇集乡村民俗和地域传统文化元素，通过开展丰富多样的活动，如播种收割、手工制作、主题民宿、民俗传承等，促进农业农村和乡村文化的有机融合。除此之外，利用农、林、牧、渔等自然生态资源，建设休闲体验设施，营造优美独特的田园、山水、农耕文化景观，促进结构单一的农业生产活动向泛休闲农业产业化方向转变。注重对优秀乡村文化的深度挖掘，并突出文化体验，实现"农文旅"一体化。

三、田园综合体模式的发展模式

田园综合体模式的提出是基于一种商业模式方法论。其出发点是主张以一种可以让企业参与、带有商业模式的顶层设计、城市元素与乡村结合、多方共建的"开发"方式，创新城乡发展，形成产业变革，带来社会发展，重塑中国乡村的美丽田园、美丽小镇。田园综合体模式的经济技术原理，就是以企业和地方合作的方式，在乡村社会进行大范围整体、综合的规划、开发、运营。

第一，首先企业化承接农业。企业化承接农业，就可以避免实力弱小的农户的短期导向行为，可以做中长期产业规划；以农业产业园区发展的方法提升农业产业，尤其是发展现代农业，形成当地社会的基础性产业。

第二，规划打造新兴驱动性产业——综合旅游业，也可称之为文旅产业，促进社会经济大的发展。

第三，在基础产业和新兴驱动性产业发展起来后，当地的社会经济活动就会发生大的改变，该地区就可以开展人居环境建设，为原住民、新住民、游客这三类人群，营造新型乡村、小镇，形成社区群落。所以也可以这样描述：田园综合体模式最终形成的是一个新的社会、新的社区。综上所述，田园综合体模式就是"农业 + 文旅 + 社区"的综合发展模式。

基于企业化运作的特征和为了形成一种可提炼的模式考虑，田园综合体模式里的三个产业（农业、文旅、社区）应以如下思想作为指导原则：农业要做三件事——"现代农业生产型产业园 + 休闲农业 + CSA（社区支持农业）"；文旅产业要打造符合自然生态型的"旅游产品 + 度假产品"的组合，组合中需要考虑功能配搭、规模配搭、空间配搭，此外还要加上丰富的文化生活内容，以多样的业态规划形成旅游度假目的地；社区建设，无论改建还是新建，都需要按照村落肌理打造，也就是说，即使是开发，那也是开发一个"本来"的村子，并且更重要的是要附着管理和服务，营造新社区。这里要特别指出，田园综合体模式不是要打造一个旅游度假区，而是打造一个小镇本身，只是这个小镇有很多旅游度假设施，小镇本身也具有非常丰富的旅游价值。城市综合体营建理论中的统一规划、统一建设、统一管理、分散经营原则，在田园综合体模式中同样适用。上述田园综合体模式的产业模型，细分为业态和规划模型。这里要着重说明的是，在田园综合体模式的商业模式指导原则中，对于不同地点、不同情况下的项目，强调有一半按照模块化共性内容作安排，而另一半则应结合项目所在地情况的个性化内容来发展。

第二节　田园综合体模式的形成过程

一、田园综合体模式的思考原点

田园综合体模式的思考原点是中国乡村的发展之路。中国社会的一个主要问题是城乡二元问题——二元就是指不同，指差距，这个差距不仅是物质差距，更是文化差距。解决差距的主要办法是发展经济，而发展经济的主要路径是通过产业带动。那么，在乡村社会，什么样的产业可以并需要发展起来呢？在一定的范畴里，快速工业化时代的乡镇工业模式之后，乡村可以发展的产业选择并不多，较有普遍性的只有现代农业和旅游业两种主要选择。（我们并不是否认少数地方具备有特色的其他产业条件，如科技、加工业、贸易等，但我们这里讨论的是具有普遍性的产业）农业发展带来的增加值是有限的，不足以覆盖乡村现代化所需要的成本。而旅游业的消费主体是城市人，它的增加值大，因此，旅游业可作为驱动性的产业选择，带动乡村社会经济的发展，一定程度上缩小城乡之间的差距。

在这个过程中，要注重用城市因素解决乡村问题。解决物质水平差距的办法，是创造城市人的乡村消费。解决文化差距问题的有效途径，是城乡互动。关于城乡互动，最直接的方法就是在空间上把城市人和乡村人"搅合"在一起，在行为上让他们互相交织。城镇化，不是住上了楼房就是城市人了，也不是解决了身份待遇问题就是城市人了，文化得以弥合，才是城镇化。那么，最有效的途径就是城乡互动。

欧美、日本的美丽小镇，它的成长经历了百年的积淀。中国的乡村现代化，在现有的物质和文化的现实下，要想呈现好的发展局面，有很大的局限。因为它不能自动具备人才、资金、组织模式等良好的发展因子，所以我们看到了非常多的乡村社会在无序、无力和分散的思想下，在竭泽而渔中走向凋敝。从目前的环境来看，我们主张尝试用一种恰当的方法论来指导这个过程。在当前环境下，用十年八年或更多的时间，让企业和金融机构有机会参与，联合政府和村民组织，以整体规划、开发、运营的方式参与乡村经济社会的发展。

二、田园综合体模式的初步形成

出于对乡村社会形态、乡村风貌的特别关注，2012 年，"田园东方"项目创始人张诚结合北大光华 EMBA 课题，发表了论文《田园综合体模式研究》，并在无锡市惠山区阳山镇人民政府和社会各界的大力支持下，在"中国水蜜桃之乡"的阳山镇落地实践了第一个田园综合体项目——无锡田园东方。在项目不断探索的第四个年头，2016 年 9 月中央农办领导考察指导该项目时，对该模式给予高度认可。2017 年，源于阳山的"田园综合体"一词被正式写入中央一号文件，文件解读田园综合体模式是当前乡村发展新型产业的亮点举措。"支持有条件的乡村建设以农民合作社为主要载体、让农民充分参与和受益，集循环农业、创意农业、农事体验于一体的田园综合体。"此后，2017年5月，财政部发布《关于开展田园综合体建设试点工作的通知》，《通知》决定开展田园综合体建设试点，并指明主要建设内容和立项条件。

综上所述，中国城镇化率不断提高，但城乡二元结构并没有得到完全破解。实现当前城乡关系根本性转变需要科学的战略指引，乡村振兴战略正是对新时代乡村发展要求的明确指向。在此背景下，构建田园综合体模式是植根于中国城乡二元社会的土壤、顺应城乡关系由分离走向融合的新趋势，是城乡一体化的理想结合点和重要标志，反映了当前农业农村发展形势的内外部客观要求。

三、田园综合体模式的发展制约因素

（一）产业内部动能不足

部分乡村产业发展基础较为薄弱，持续性的产业带动能力不足。一是产业技术短缺。如何依托农业科学技术产业支撑，将信息化、机械化等新技术革新与农业融合，打好"技术组合拳"，是田园综合体模式的一大难题。二是产业带动力不足。农民只能以劳动力的形式参与田园综合体模式的建设，还不能分享其三次产业融合所带来的价值链收益，这极大地降低了农民的积极性。三是产业融合度不足。如休闲农业一般以观光和采摘为主要形式，与文化、康养、教育、体育等产业融合度低，导致产业聚合带动能力较弱。

（二）社会服务供给不足

农业生产系统全过程需要专业化的社会服务作为支撑，依靠利用现代生产要素，包括城市资金、技术、信息、人才、管理等，来有效保障农业经营主体积极探索规模化和集约化经营。目前，田园综合体模式相关的社会服务供给不足成为制约因素，此外，相关配套设施不成熟，软件服务水平仍需提升，各类附加产品市场化程度不高，城镇消费群体有待开发。

（三）劳动力资源匮乏

田园综合体模式是建立在高效率、高品质的现代农业基础之上的一种综合开发的农业发展模式。它不仅包括了基础性的农业生产，还涉及了具有生态、人文等特色的乡村旅游业的发展。因此，发展田园综合体模式需要较广范围的理论指导，需要大量的专业性、服务性人才参与到经营管理当中来。然而，劳动力整体素质低下、老龄化现象严重成为当前我国农业农村发展中

的普遍问题。城市的快速发展促使农村大量年轻劳动力转移到城市，导致农村大量劳动力流失，农村人口空心化现象严重，这给现代农业的发展带来了严峻的挑战。

（四）文化特色挖掘不足

有些田园综合体在建设中忽视历史传承与创新，为了取得立竿见影的效果，矮化和削弱乡村文化功能，对地域文化特征没有足够的挖掘，失去了乡村独特的文化特色。在实践探索中，处在不同地域的田园综合体，缺乏对自身自然和地理因素的充分认识，未充分考虑当地农业产业、地域文化、民族文化的特点，出现了简单模仿现象。各地区的资源禀赋不同，田园综合体模式在开发模式、主体参与模式、产业融合和发展动力上都应该因地制宜科学规划，合理制定符合自身发展特点和规律的方案和模式。

第三节　田园综合体模式中的典型案例
——山东沂南县朱家林田园综合体

乡村名片
朱家林国家级田园综合体

区位：位于山东省临沂市沂南县最西部的岸堤镇，西与蒙阴县接壤，距离沂南县城32公里。
面积：总规划面积28.7平方公里。
人口：覆盖10个行政村、23个村民组，总人口1.6万人。
特色：该项目是当地政府在统筹推进脱贫攻坚与乡村振兴的探索与实践中，以"创新、三美、共享"为发展理念和总体定位，以"保护生态、培植产业、因势利导、共建共享"为根本遵循，搭建起的人才返乡、资本下乡、产业融合发展的创新创业平台，计划总投资19.8亿元，是山东省首个国家级田园综合体。项目于2015年底开始策划，2016年7月动工建设，不到三年时间实现了从朱家林生态艺术社区到省级特色小镇再到国家级田园综合体的三次跨越，成为沂南县实施乡村振兴战略的重要平台和抓手，为沂南县探索实践"区域化突破、全域化提升、系统化推进"的乡村振兴路径莫定了基础。截至目前，朱家林田园综合体项目先后荣获"中国乡村旅游创客示范基地""国家级田园综合体试点""山东省新旧功能转换重大项目""山东省特色小镇""山东省电商小镇""国家3A级旅游景区"等称号。

朱家林乡村名片　（图片来源：《中国发展观察》）

朱家林田园综合体项目地处临沂市"一点两区"扶贫攻坚的主战场，总规划面积28.7平方千米（含10个行政村、23个村民组，总人口1.6万人），是山东省唯一的国家级田园综合体试点项目，也是全国首批十个国家级田园综合体建设试点项目。

朱家林航拍图（图片来源：腾讯网）

朱家林田园综合体遵循"保护生态、培植产业、因势利导、共建共享"的原则，围绕创意农业、休闲旅游、文创产业一体化发展目标和"产业、景观、休闲、生活、服务"五大功能要求，在 28.7 平方千米范围内规划了"一核二带五区"的空间布局："一核"即朱家林乡村生态创意核，"二带"即优质林果产业带、小米杂粮产业带，"五区"即田园社区、创意农业区、山地休闲运动区、电商物流仓储区、滨水旅游度假区。

朱家林田园综合体结合项目区内山、水、林、田、路、湖等自然空间布局，做大做强以小米杂粮和优质林果为代表的主导产业，培育壮大乡村休闲、创意农业和农事体验为代表的特色产业，加快发展电商物流、创意孵化、乡建培训、会议会展、康养度假等新产业、新业态。配套道路、水利、通讯及农业水肥一体化等基础设施。通过"接二连三""从三进一""由二带一"等不同方式，加强一二三产业间的联系，实现朱家林田园综合体生产生活生态"三生同步"、一二三产业"三产融合"、农业文化旅游"三位一体"。建设以政府为引导，以农村集体组织、农民合作社为主体，返乡青年创客、社会资本广泛参与的集乡村旅游、创意农业、农事体验、田园社区于一体的"独具特色的创意型田园综合体"。

沂南县朱家林是山东省唯一的国家级田园综合体试点项目，也是全国首批十家试点项目之一（图片来源：《中国发展观察》）

乡村振兴战略中产业兴旺是关键。朱家林田园综合体将培育特色产业作为发展核心，以创意核心区乡村旅游和特色农业为引领，优化空间布局，融合文创、康养、体育、研学等多产业要素，着力打造朱家林精品民宿街、朴门农场等创意型乡村旅游产业项目以及创意农业区莓林苑、布拉格香草集市、天河本草园、都市村庄、蚕宝宝家庭农场、沂蒙大妮循环农业示范园等 15 处特色产业项目，招引柿子岭理想村、"渔乐高湖"垂钓小镇等重点乡村旅游建设项目。截至 2019 年 6 月，田园综合体内已落地项目 20 个，总投资 13.9 亿元。其中，农业产业项目 15 个，投资 2.6 亿元；文创项目 3 个（核心区项目、柿子岭理想村、"渔乐高湖"垂钓小镇），投资 9.7 亿元；重点平台项目 2 个（省委党校岸堤校区、电商仓储物流园区一期），投资 1.6 亿元。产业项目的落户与发展正逐步构筑起朱家林田园综合体乡村振兴的强力产业支撑。

为全面提高农村生产生活条件，力促当地特色农业规模化生产，农发部门连续 3 年把每年 7000 万元扶持资金的 60% 以上用于田园综合体区域内道路、水利、水肥一体化、山林绿化等基础配套设施建设。2018 年度，修建道路 8 千米，绿化道路 4.4 千米，桥涵 10 座，逐步形成贯通园区的交通网络；修复灌渠 5810 米，开挖水面 6 个，累计可存水 21 万立方，铺设水肥一体化管网 14.4 万米，将全面改善农业灌溉条件，解决多年来制约区域发展的干旱缺水问题；依托村级合作社绿化荒山 1600 亩，栽植绿化植被 52 万株，不仅保护和提升了山区生态，更实现了环境美化绿化。

田园综合体建设没有现成模式，沂南县总结朱家林经验，致力于打造乡村振兴的齐鲁样板（图片来源：《中国发展观察》）

为打造创业环境、营造创业氛围，朱家林田园综合体项目合理利用政策性资金，以政府为主导，不仅进行了水、电、路、网等基础设施配套的建设，还建设了创客公寓、田园客厅等创客创业服务设施，并出台鼓励创业创新的8条政策吸引人才下乡。与此同时，着力构建科技支撑平台、智慧管控平台、乡建人才培训平台、合作研究平台、乡村治理创新平台、电商物流平台六大平台体系，为招引项目发展提供综合服务保障。目前已吸引山东燕筑、山东水墨华清、美丽乡村研究院、郑州果树研究所、乡伴文旅等各类创客、文创团队20余家。

朱家林田园综合体以国有乡建发展有限公司为平台，将闲置的农村土地、山林、房屋等资源盘活利用，以利益联结机制为纽带，以产业为依托，形成政府、开发公司、创客、合作社、农民多主体参与的发展格局。村集体、村民闲置资产实行"三权分离"，所有权仍归村集体或村民所有，由合作社入股乡建公司，获取房屋土地租金和项目分红；经营权归乡建公司统一运作，引进经营户和创客对土地、房屋进行改造或产业项目运营，在个性化创意的同时保留浓郁的乡村气息。在这种模式下，农民不再被搬迁、被边缘，而是成为项目的参与者、建设者、受益者，由被动带入到主动融入，参与乡村建设、农产品加工、手工制作、农家乐经营、民宿改造等，实现共建共享。

在28.7平方千米的广袤土地上，朱家林正围绕打造乡土文创、产业集聚、创意创新型田园综合体的目标，奋力推进理念创新、机制创新、产业创新、模式创新，全力书写新旧动能转换、乡村振兴的新篇章。

第四节　田园综合体模式的实践意义

一、田园综合体模式是乡村振兴背景下的新抓手

构建田园综合体模式植根于中国城乡二元社会的土壤，顺应城乡关系由分离走向融合的新趋势，是城乡一体化的理想结合点和重要标志，反映了当前农业农村发展形势的内外部客观要求。伴随现代农业发展进程、城乡一体化应运而生的田园综合体模式，不仅是乡村振兴发展的新动能和增长点，是区域经济社会和农业农村发展到较发达阶段的产物，还是我国实现农业供给侧结构性改革和农村新跨越的创新型载体。

二、田园综合体模式是新时代"三农"全面充分发展的承载主体

从宏观层面上来讲，虽然我国一直强调社会主义现代化建设，但是农业现代化的发展一直是短板。我国是农业大国，农耕文明源远流长，农业强、农村美、农民富应该成为中国实现社会主义现代化建设的显著特征。通过建设田园综合体，实现城市农村三大产业融合发展，全要素流动，补齐社会主义现代化建设的短板，实现农业农村农民的全面充分发展，最终实现社会主义现代化建设的目标。

三、田园综合体模式是实现乡村产业高质量发展的客观要求

田园综合体模式立足农业，以发展绿色、生态、可持续农业为首要任务，通过产业渗透，催生新业态的发展。在新的发展理念下，融入创意元素，屏弃过去单一的农业发展方式，通过调整农业产业结构，推动农业产业链互融互通，达到产业效益相乘的目标，促进农村一二三产业的交叉融合。创建新型经营主体，以创新、绿色的发展理念，带动农产品加工和生态旅游业的发展。利用区域优势，发展循环农业，运用农业科技，将农产品生产和加工相结合，通过实现产业链条的延伸提高劳动生产率，提升农产品的附加值，增

加农民的产出效益。在此基础上，顺应人们消费结构的变化，把农业生产渗透进农村生态、文化、生活建设中，深入挖掘农业的潜在价值，推动第三产业的发展，实现一二三产业的有机融合。

从山东省加快实施新旧动能转换，培育新动能新产业的发展角度来讲，加快推进田园综合体建设，有利于进一步拓展供给侧改革的广度和深度；有利于进一步推广和发展现代高效农业，加快培育农业新业态；有利于提高农业创新力、竞争力和全要素生产率，培育乡村发展新动能；有利于加速资源、人才、政策等向农村地区流动倾斜，激发农村发展潜力；有利于加快农村的信息化进程，助推农村产业升级改造，实现乡村产业高质量发展，让农村成为经济发展的强大推动引擎；有利于保护和改善农村生态环境，实现农村产业发展和生态文明建设的有机统一。

四、田园综合体模式是推进城乡区域融合、均衡发展的现实需要

立足于山东省加快自身发展的现实需要，推进田园综合体建设有利于加快山东省城乡区域协调融合发展。山东省内个别农村地区依然存在着路网、水、电等基础设施薄弱，教育文化等基本公共服务短缺以及其他各种问题，城乡发展不平衡，农村发展不充分，城乡、工农之间要素不平等交换的现象依然存在。田园综合体模式是在城乡一体化格局下，促进城乡统筹发展的一个新平台。随着城市化进程步伐加快，城乡之间的差距越来越大。当前，随着休闲农业和乡村旅游的兴起，发展田园综合体模式为解决城乡二元结构的矛盾提供了一个新契机。

首先，田园综合体模式本身就是三产融合发展下的产物，为农业产业结构的调整提供了新动力。田园综合体模式是以农业生产为基础，将农业发展渗透到生态、文化、休闲、旅游等相关产业中，形成集现代农业、休闲旅游、文化教育等为一体的新型产业形态，创新了农村一二三产业融合的新局面。田园综合体模式的发展打破了长期以来农业发展的单一性，以农业为核心，带动特色手工业、旅游业、服务业等二三产业的发展，改变了农业发展与二三产业分离的现象。通过产业间的融合发展，充分挖掘农业的多种功能，在保障农民收入的前提下，转变农业发展方式，实现资源配置的优化和农村经济水平的提高。

其次，田园综合体模式建设以市场为导向，以农业龙头企业为引领，创新农业经营主体，充分挖掘城市乡村所蕴含的土地、生态环境、劳动力、资

金、技术等有效资源，实现了各类社会资源在城乡之间的共享，进一步推动农村经济的发展。田园综合体模式通过整合城乡发展有效资源，推进农业产业化的发展。利用城乡之间资源的差异性，将城市和农村更加紧密地联系起来。吸引更多城市资金和专业技术人才投入到田园综合体的建设中，使城乡之间的文化、社会、经济等资源得到高效整合，推动城乡之间良性互动，促进城乡一体化的发展。

新的时代背景下，我国社会主要矛盾发生了改变，人民日益增长的美好生活需求和不平衡不充分的发展之间的矛盾越来越突出。通过田园综合体模式建设，有利于重新建构城乡发展关系，实现农民就近转化为城镇居民；有利于增加农村地区制度及资源供给，加速城乡资源流通，加快城乡融合发展；有利于补齐农业农村农民的发展短板，加快农业农村现代化的进程，让农业成为新的朝阳产业，让农民成为全社会都向往和尊重的职业，让农村成为山美水美人和谐的宜居家园。

五、田园综合体模式促进乡村绿色发展

良好的自然环境和优美的田园风光是农村发展最宝贵的财富，是实现农村经济繁荣的关键因素。因此，全面实施乡村振兴战略，生态宜居是关键。当前，田园综合体模式作为实现乡村振兴的主要载体，其发展是以满足人们对于乡村生态产品的需求为出发点，结合农村优美的自然环境，通过创新农业发展方式，将农村的自然生态资源转化为生态农产品，最终实现农民富与农村美的统一。

六、田园综合体模式促进农村传统文化的传承和发展

田园综合体模式是以农业生产和农村历史文化资源为依托的新型产业发展模式。田园综合体模式通过深入发掘农业文明和地方特色文化，将传统文化融入休闲农业发展的全过程，以实现促进农民增收和农村繁荣的目的。在田园综合体模式中，依托地方特色传统文化建设，以文化教育为主题的书院、民俗体验馆等项目，在很大程度上促进了乡村传统文化的保护与传承。

随着科学技术的进步和现代农业发展水平的提高，农村生活条件得到大幅度提升。但是，在现代文化的冲击下，农村传统文化的发展却受到一定侵蚀。因此，加强对农村传统文化的保护是继承和发展农业文化的基础。田园综合体模式作为新兴的农业产业发展方式，以区域优势产业为依托，在发展

农业产业化经营的基础上，着重强调挖掘地方特色传统文化，将农村传统文化渗透到农业产业发展的全过程。通过这种方式保障传统文化在发展中保护，在保护中传承，使农业发展根植于原有生态文化，发挥其独特的文化内涵，永葆活力。同时，在保护和传承的基础上，充分挖掘农业文化的内涵，并对其进行适度创新，赋予传统文化鲜活的生命力，促进传统农耕文化的永续发展。

第八章　创新模式之现代化海洋牧场模式

第一节　现代化海洋牧场模式的基本内涵

一、现代化海洋牧场模式的基本概念

中国是海洋大国，山东是海洋大省，海洋渔业是现代农业和海洋经济的重要组成部分，也是中国粮食安全保障的重要组成部分。改革开放以来，中国渔业快速发展，结构不断优化，水产品产量大幅增长。2018 年中国水产品总产量达 6457.66 万吨，渔业经济总产值达 25864.47 亿元，中国渔业产量多年来一直居于世界首位。但是，长期处于粗放型的传统海洋渔业生产方式已经给中国近海生态环境和渔业资源造成了巨大压力，为创新生态健康、环境友好、资源养护型的现代海洋渔业生产模式，保障人海和谐发展，一种新的渔业生产方式——海洋牧场模式应运而生。

现代化海洋牧场模式的概念源自海洋牧场模式。海洋牧场模式是指在没有人干扰的海域中，利用多个人工鱼礁、海草床等建造的适合多种鱼类共同生活的人工养殖场，其配备的科技设施有环境监测系统和防止鱼类逃逸系统。海洋牧场模式不仅不会影响到海水和周边的环境，还给海洋生物创造了一个人造的海洋世界，为底栖生物和各层鱼类兼存提供环境，这极大地提高了多种海产品的产量和品质。

相比于传统的海洋牧场，现代化海洋牧场模式则更重视生态环保的发展理念。现代化海洋牧场模式是指在特定的海域通过投放人工鱼礁等渔业设施，在借助现代科技（卫星、遥感、生物工程等）的同时，结合海洋自身的生态

系统，对指定海域进行现代化、系统化的管理，利用海洋的天然水域环境为海洋生物营造出一个适宜其繁衍栖息的、可以人工控制的生存空间，并且在持续高效地产出高品质水产品的同时，还能带动周边休闲渔业等相关产业发展的生态型渔业模式。现代化海洋牧场模式能促进海洋生物资源的持续繁殖和海洋生态的可持续发展。

二、现代化海洋牧场模式的基本特征

现代化海洋牧场模式区别于传统海洋牧场模式，也不同于传统的养殖、捕捞和增殖，主要有五个特征。

（一）生态优先性

这是现代化海洋牧场模式建设的根本特性之一，即所有现代化海洋牧场中的建设、生产、休闲娱乐等活动均以生态安全为核心目标，以保证生态环境优良、生物资源丰富及渔业可持续发展为前提，所有活动特别是捕捞生产和养殖生产活动等均不得破坏生态环境和生物资源的完整性。

（二）系统管理性

现代化海洋牧场是由生息场建造、环境调控、种苗生产、种苗放流、育成管理、收获管理、灾害对策等多种技术要素有机组合的生态管理型渔业，人为的生态管理贯穿于现代化海洋牧场建设与运营的全过程。

（三）生物多样性

现代化海洋牧场的对象生物不仅仅包括沿岸鱼贝类，还包括近海鱼类及洄游性鱼类；同时现代化海洋牧场针对的是海洋生态系统水平的资源修复与增殖，关注的是生态系统稳定前提下在不同营养级上的多品种对象生物的持续产出，而非单一种类的产出，这也是现代化海洋牧场区别于传统单一品种养殖的重要特点之一。

（四）区间广域性

现代化海洋牧场是一个"场"和"空间"的概念，是在海洋中的某一个场所或者空间开展的渔业活动，既包括海域的海底，也包括海水的底层、中层、表层及海面上从事的渔业活动。

（五）功能多样性

传统的养殖和捕捞生产等只具有一种生产功能，而现代化海洋牧场则是集生态修复、资源养护、渔业生产、渔业碳汇、科学研究、科普教育、休闲渔业、景观再造等多功能于一体的现代渔业综合体，其生态、经济、社会等综合效益更加凸显。

三、现代化海洋牧场模式的技术体系

现代化海洋牧场模式区别于传统的捕捞、养殖和增殖，也区别于网箱、浮筏、养殖工船等海上养殖场，是一项集生态环境修复与优化、生物资源养护与增殖、环境友好型选择性采捕等技术要素为一体，以促进和保障渔业可持续健康发展为最终目标，对生态、生物、生产等全程进行科学管理的系统工程。

现代化海洋牧场技术体系包括八项技术要素，即生息场建造技术、苗种生产技术、增殖放流技术、鱼类行为驯化控制技术、环境监控技术、生态调控技术、选择性采捕技术和海洋牧场管理方法与技术等。其中，生息场建造技术包括人工鱼礁建设技术（如选址技术、礁型设计与设置技术、制作与投放管理技术等）、海藻场海草床营造技术（如海带裙带菜藻场营造技术、大叶藻海草床营造技术等）。苗种生产技术，主要指增殖放流用鱼贝类苗种的健康繁育技术，以及提高其成活率的相关技术。增殖放流技术，主要指提高放流后成活率和回捕率的相关技术，包括中间育成技术、行为驯化技术、适地选择技术、放流规格与投放量的确定技术、追迹技术、效果评价技术等。鱼类行为驯化技术，包括驯化信号的确定技术、不同鱼贝类行为的控制技术等。环境监控技术主要包括海洋牧场海域的生态环境因子实时在线监测技术、生态环境评估预警技术、生态与生产综合监控技术等。生态调控技术包括敌害生物去除及生态补充技术、以生态平衡为目的的生物数量控制技术、水中营养盐类调控技术等。选择性采捕技术包括幼鱼幼贝保护型渔具渔法、环境友好型渔具渔法等。现代化海洋牧场管理方法与技术，包括对生态环境和渔业资源综合管理的方法和技术，涉及互联网、物联网、人工智能等高新技术，也包括相关法律法规的制定与实施。

这八项主要技术是现代化海洋牧场技术体系中的核心技术要素，针对不同类型的海洋牧场应根据海域环境和资源现状选择不同的核心技术进行组合构建，以达到海域生态修复与优化、资源养护与增殖的目标。近年来，随着科技进步和产业升级，一二三产业融合发展已成为趋势，结合产业发展，现代化海洋牧场的技术体系得以不断拓展，涵盖了现代化海洋牧场建设前、中、后的各个阶段，特别是随着后续产业链条的延伸，包括产品精深加工技术、休闲渔业、海洋牧场保险体系、产品物流与市场营销、产品可追溯质量控制

及服务保障体系等，形成了贯穿一二三产全产业链条的技术体系和建设内容。现代化海洋牧场的内涵得以丰富和延伸，成为产业融合协调发展的有效载体。

第二节　现代化海洋牧场模式的形成过程

目前，为解决因人口数量的快速膨胀和陆域资源的日益短缺造成的粮食安全危机，人类将目光投向海洋，渴望从海洋中获取新的资源。从发达国家的现代化海洋牧场建设经验中可以看到，它的建设不但有助于改善和修复海洋生态环境，使渔业资源得到增殖和养护，并且可以大大提高海产品的产量和质量，同时促进海洋经济一体化和谐发展。因此，现代化海洋牧场作为一种多技术应用的增殖型渔业类型，它代表着未来渔业的发展趋势，并在全球范围内逐步兴盛。

一、国外现代化海洋牧场模式的演变形成

20 世纪 60 年代后期，以美国为中心的许多国家，开始迅速进行海洋开发。美国早在 1885 年就进行了为期 70 年的普通鳕鱼放流实验，虽然最后实验关闭了，但它同挪威在 1884 年至 1971 年间进行的普通鳕鱼放流实验一起，为之后的海洋牧场建设提供了许多宝贵的经验。

1971 年，"海洋牧场"一词首次出现在日本水产厅海洋开发审议会文件中，其定义为"海洋牧场是未来渔业的基本技术体系，是可以从海洋生物资源中持续生产食物的系统"。海洋牧场概念出现以后，其内涵和外延不断得到丰富和完善，人们对其寄予了美好的梦想和期望。1973 年，日本水产学会在有关日本政府发展海洋牧场的调查报告中指出："海洋牧场是为了人类的生存，在人为管理下，以海洋资源的可持续利用为目标，依据科学理论与技术，在海洋空间构建的场所。"1976 年，日本海洋科学技术中心在海洋牧场技术评定调查报告书中将海洋牧场概念定义为"将水产业作为食料产业和海洋环境保全产业，以系统的科学理论与技术实践为支撑，在制度化管理海洋的情况下形成的未来产业系统化模式（海洋牧场）"。1980 年，日本农林水产省水产技术会议关于海洋牧场化研究项目的讨论资料里将海洋牧场技术具体化，指出"确立多种鱼贝类以及洄游性鱼类的多样化增殖技术，逐渐使我国沿岸海

域或近海海域实现海洋牧场化"。1991 年，以"水生生物生息场造成及沿岸开发"为主题的日美论坛认为："海洋牧场是在广阔的海域中，在控制鱼贝类行为的同时，对其从出生到捕获进行管理的渔业系统。"日本也建成了日本黑潮牧场——世界上第一个海洋牧场。同时韩国也于 2007 年建成了统营海洋牧场——韩国第一个"海洋牧场"。

2001 年，《海洋科学百科全书》第 4 卷中将海洋牧场定义为："海洋牧场常常被称为增殖放流，它包括大量放流幼鱼，使它们在海洋环境中以天然饵料为食和生长，随后又被重新捕获，从而增加渔业资源的数量。"2003 年，有学者将海洋牧场概念表达为"在可控条件下，放流自然或养殖的海洋生物，目的是使其生长和捕获，但不局限于商业上重要的物种，还包括海藻和海草"。2004 年，联合国粮食及农业组织再次发布题为"marine ranching（海洋牧场）"的技术报告，其内容均与资源增殖放流相关。2014 年，Kim 等学者认为海洋牧场主要应用于增殖性养殖，是一种新型的渔场。

国外关于海洋牧场的研究已经十分成熟。日本的海洋牧场建设技术以及相关领域的研究已经居于世界前列。韩国有关方面早已制订了自 2000 年到 2050 年在沿海全面建成海洋牧场的 50 年计划，来实现海洋渔业的可持续发展。同时美国也早于 1968 年提出建造计划，并于 1974 年在加利福尼亚建立起海洋牧场。国外相关经验表明，建造海洋牧场有利于提高海洋环境质量，保护水生生物的多样性，促进周边海域的开发，增殖水产资源，并且事实证明效果显著。

总而言之，20 世纪 70 年代以来，日本、韩国、美国、挪威、俄罗斯、西班牙、法国、英国、德国、瑞典等发达国家均把发展海洋牧场作为振兴海洋渔业经济的战略对策。

二、国内蓝色牧场模式的发展过程

中国关于海洋牧场的思想最早可追溯到 1947 年，我国著名海洋生态学家朱树屏首次提出"种鱼与开发水上牧场"，即"水产农牧化"创想，明确提出中国应当注意发展此等牧场。1961 年，朱树屏又进一步论述了海洋人工增殖和农牧化。1963 年，朱树屏明确指出，水产在本质上就是水里的农业，海洋、湖泊就是鱼虾等水生动物生活的牧场。1978 年以后，海洋生物学家曾呈奎多次提出发展中国海洋水产生产，必须要走"农牧化"道路的观点。1983 年 12 月，海洋捕捞专家冯顺楼提出了建设人工鱼礁，开创我国海洋渔业新局面的建议。1989 年，冯顺楼发表了《发展人工鱼礁开辟海洋牧场是振兴我国海洋渔业的必然趋势》的文章，提出要以人工鱼礁为基础，结合人工藻场、人工鱼苗放流，建设富饶美丽的海洋牧场。但 1990 年以前，人们对海洋牧场的认识大多仍停留在人工鱼礁和增殖放流等单一生态工程的阶段，并没有从系统构建及全过程人为管理等角度对海洋牧场有更清晰的认识。进入 20 世纪 90 年代以来，有更多的学者开始关注海洋牧场的发展，海洋牧场的概念也在不断深化。

2009 年，在首届全国人工鱼礁与海洋牧场学术研讨会上有学者首次提出"现代化海洋牧场"的建设理念。2012 年，由中国科协主办的"新观点新学说学术沙龙——海洋牧场的现在和未来"学术会议，又对现代化海洋牧场的理念进行了进一步的丰富与阐述，提出了"现代化海洋牧场"的概念与定义：所谓现代化海洋牧场，是一种基于生态系统，利用现代科学技术支撑和运用现代管理理论与方法进行管理，最终实现生态健康、资源丰富、产品安全的一种现代海洋渔业生产方式。传统海洋牧场主要是通过增殖放流补充自然鱼贝类资源量，或是通过人工鱼礁等生态工程养护来增加渔获量。现代化海洋牧场则是在传统海洋牧场建设的基础上，利用现代科学技术和管理方法，对生物资源、生态环境、渔业生产以及相关文化休闲活动等进行系统管理，形成有人、鱼、陆、海等构成的大系统，并动态优化大系统的生态功能，从根本上消除粗放型捕捞及增养殖对海洋生态环境和生物资源造成的压力，使生态、经济和社会效益得以协调发展，实现综合效益的最大化。现代化海洋牧场能够实现从传统渔业向现代渔业、从水产资源消耗型向资源管理型海洋渔业生产方式转变的一次新跨越。

我国作为海洋大国，拥有长达 18000 多千米的海岸线，直接管辖海域面积为 300 万平方千米，海洋面积相当于整个陆地面积的三分之一，同时广阔的海域中蕴藏着许多丰富的资源。在过去的几十年里，丰富的海洋资源一直没有得到很好的规划和利用。随着近几年人口的迅速增长以及陆域资源的逐步枯竭，海洋资源的开发利用才逐步受到重视。因此，一些研究从不同角度对开发利用海洋，发展现代化海洋牧场的重要性及其广阔前景进行了论述，并对其发展的重点、主要路径、存在问题及保障措施等进行了系统的论述。

从 2015 年开始，农业农村部组织开展国家级海洋牧场示范区创建活动，推进以海洋牧场建设为主要形式的区域性渔业资源养护、生态环境保护和渔业综合开发，目前，已批复 5 批共 110 家国家级海洋牧场示范区，对全国海洋牧场建设起到了显著的示范带动作用。国家级海洋牧场示范区主要分为3种类型：一是以保护和修复生态环境、养护渔业资源或珍稀濒危物种为主要目的的养护型海洋牧场。二是以增殖渔业资源和产出渔获物为主要目的的增殖型海洋牧场。三是以休闲垂钓和渔业观光为主要目的的休闲型海洋牧场。以山东、辽宁、河北等为代表的北方海洋牧场主要以企业为投资建设主体，发展以刺参、鲍鱼、海胆等海珍品增殖为主的增殖型海洋牧场，经济效益显著。而南方则多以政府为投资建设管理主体，开展养护型海洋牧场建设，因其自然条件适宜，休闲型海洋牧场发展前景广阔。

当下，党中央、国务院高度重视现代化海洋牧场建设。2017年和2018年中央一号文件明确提出发展、建设现代化海洋牧场。2019年中央一号文件又再次提出推进海洋牧场建设。海洋牧场是适合现代可持续发展战略的新型海洋生物资源开发模式及渔业生产方式，也是渔业发展的必然趋势。越来越多的沿海地区将现代化海洋牧场模式作为促进海洋经济持续发展的手段，这不仅提高了海洋经济的发展，还带动了周边相关产业的发展，将环境保护与资源可持续发展结合起来，共同发展经济。

三、国内现代化海洋牧场模式的发展趋势

我国现代化海洋牧场的发展目前仍存在沿海地区缺乏有效的管理、渔业管理和资源缺乏保护、对蓝色牧场的研究不充分以及渔民的教育力度不够等问题。我国虽然有许多自然条件优良、适宜建设现代化海洋牧场的港湾，但是现代化海洋牧场是一个系统工程，需要各个方面的相关技术人员的合作，同时还需要政府、企业及渔民的共同参与和投入。但是发展现代化海洋牧场可以很好地缓解因人类对海产品的过度需求引发的资源短缺问题。同时海洋牧场的建设符合政府的产业导向，对我国在未来参与国际海洋科技竞争都有重要意义。预计21世纪内，现代化海洋牧场将不断出现在许多国家的海域，成为继传统打捞业和海水养殖业之后又一种重要的渔业生产模式。同时因为我国现行的渔业生产经营多为个体户经营，而海洋牧场的建设和运营则需要政府、企业和渔民等多方利益集团共同合作，这既是一项公益性项目又是经济性项目，建立产权明晰的管理运营机制是确保海洋牧场建设的关键环节。

第三节 现代化海洋牧场模式中的典型案例

按照习近平总书记关于"海洋牧场是发展趋势，山东可以搞试点"的重要指示，以及经国务院同意、农业农村部等十部委下发的《关于加快推进水产养殖业绿色发展的若干意见》，推动渔业转型升级、实现绿色可持续发展成为必然。山东省典型案例很多，这里以青岛市为例。青岛市创新渔业发展模式，实施现代化海洋牧场多元融合发展。

青岛市以海洋牧场发展为载体，利用牧场区抗风浪网箱资源，积极推行"南鱼北养＋灯光诱饵"绿色养殖模式，从福建等南方地区优选大黄鱼、真鲷等大规格鱼种，配以太阳能发电技术，通过"灯光诱饵"方式吸引水生动物进入网箱，为鱼类提供天然饵料，鱼类品质可媲美野生产品，实现产出效益翻倍。

一、南北联动资源互补，提升渔业品质和效益

随着渔业转型升级的发展，走向深远海成为必然，深海抗风浪网箱养鱼已成为青岛主导养殖模式。青岛可从苗种养至成鱼的品种单一，网箱资源得不到充分利用。为解决此问题，青岛市海洋发展局经充分调研，提出"南鱼北养＋灯光诱饵"网箱养鱼模式，即利用南北海水温度差异，"休渔期"前从福建优选大黄鱼、真鲷等大规格鱼种，利用浮游动物趋光性原理，创新发展"灯光诱饵"养殖模式，即在网箱内安装灯光诱饵装置，利用太阳能发电板为集鱼灯提供电能。

白天太阳能发电板储存电能，鱼类在网箱中自由游动，将多余脂肪消耗掉；夜晚灯光自动开启，吸引周边水体浮游动物和小鱼小虾聚集到网箱内外，供鱼类竞争食用。通过不断游动捕食，提高鱼类活动能力，逐渐消除鱼肉中的"土腥味"。经过3到5个月的野化养殖后，鱼类体长体宽比明显上升，鱼肉脂肪酸含量显著降低，肉质更富弹性，口感更加鲜美。大黄鱼上市价格可翻4—5番，平均价格100元—120元/斤；真鲷和鲈鱼也达60元/斤，产出效益翻倍，且对周围水体零污染。

除"南鱼北养"之外，青岛市海洋发展局还积极推进"北参南养"模

式。在秋季北方海域水温降低、海参即将进入冬眠之前，将大规格参苗运至南方海域（福建为主），利用 11 月至 4 月南方海域的适宜温度，将参苗养成并于夏眠之前上市销售。其参苗主要来自山东、辽宁和河北地区。为提升青岛参苗的竞争力，青岛市海洋发展局积极引导企业强化与科研机构的研、产合作，不断选育优良品种，提升海参苗种质量，如青岛瑞滋集团有限公司依托黄海水产研究所培育的"参优 1 号"刺参成功入选"国家新品种"行列，其产品目前已实现订单式销售。

二、打造"互联网＋渔业"新生态，助推青岛渔业品牌建设

青岛市海洋发展局积极实施渔业品牌战略，与腾讯公司签订了战略合作协议，借助腾讯的平台优势、社交属性和连接器作用，从生态养殖、海上捕捞、休闲渔业、渔文化传播、营养与美食等方面入手，全面发掘青岛海洋渔业蓝色产品价值。

青岛市海洋发展局组织渔业从业者创作了一批正能量强、影响力大、覆盖面广的新型主流资讯及短视频内容，通过企鹅号平台进行整合，在腾讯十大平台统筹推送，全方位推介青岛渔业品牌和产品，实现了互联网与青岛渔业的深度融合。

引导企业参与品牌创建活动。青岛鑫海丰食品有限公司入选"第六批农业产业化国家重点龙头企业"；青岛地标品牌"胶州湾蛤蜊"入围"2019 年中国区域农业品牌影响力排行榜"名单；青岛聚大洋藻业集团有限公司被评为"2019 年国家技术创新示范企业"；"亿海丰"烤虾，"牧海灵山"海参、鲍鱼，"崂八珍"海参，栲栳岛梭子蟹入选 2019 年"第四届青岛知名农产品区域公用品牌"名单；"悦海湾"牌有机海参成为人民大会堂指定专供海参，产品供不应求。

三、实施多元融合发展，打造海洋牧场新业态

按照"一湾六岛"空间布局，青岛市海洋发展局着重打造"七大海洋牧场集群"，目前已形成 20 处海洋牧场区，争取国家资金支持 1.7 亿多元；获批 10 处国家级海洋牧场示范区，占全国近 1/8、全省 1/3。

在扩大海洋牧场发展规模的同时，青岛市海洋发展局不断增强海洋牧场的科技动力，构建了海洋牧场实时监测系统，及时对海洋牧场生态环境、资源状况进行跟踪监测，实现了海洋牧场监测的可视化、信息化和智能化。

结合牧场区建设，青岛市创建国家级休闲渔业示范基地 11 处、省级休闲海钓基地（场）17 处，连续举办 16 届红岛蛤蜊节、4 届"航铭海钓"杯潮连岛"路亚"海钓大赛，休闲海钓逐步成为岛城海上旅游产业"新名片"。

青岛市以市政府办公厅名义印发实施《青岛市现代海洋渔业绿色发展攻坚方案》，提出今后一个时期将重点"打造一个中心，推进六个发展"，力争到 2022 年，在水产种质资源研发培育、深蓝渔业开发利用、现代化海洋牧场区建设、远洋渔业开发国际资源、一二三产融合发展、提升渔业品牌知名度、统筹水产养殖绿色发展等方面实现较大突破。

第四节　现代化海洋牧场模式的实践意义

一、提高渔民的生活水平，缓解陆地粮食紧缺问题

在陆域资源越来越匮乏的时代，开发海洋牧场，尤其是离岸养殖的牧场，具有重要的战略意义。当前是推动我国渔业产业实现转型升级的关键时期，积极推动现代化海洋牧场建设是顺利实现产业结构优化、发展方式转变和可持续发展的一条有效途径。从现代化海洋牧场发挥的作用看，它的发展不仅有利于提高渔民的生活水平，也能缓解我国陆路粮食紧缺问题，同时也可以改善海洋的生态环境，提高海洋承载能力和维护海洋资源保持可再生状态。除此之外，现代化海洋牧场的发展可以带动一连串相关产业的发展，如旅游业等。在带动我国国民经济发展的同时也能为社会提供更多的工作岗位，缓解就业压力，共同促进发展。

现代化海洋牧场是适合现代可持续发展战略的新型海洋生物资源开发模式及渔业生产方式，也是渔业发展的必然趋势。党中央、国务院高度重视现代化海洋牧场建设。习近平总书记在党的十九大报告中明确提出要"加快生态文明体制改革，建设美丽中国"。2017 年和 2018 年中央一号文件明确提出建设现代化海洋牧场。2018 年 4 月 13 日，习近平总书记在庆祝海南建省办经济特区 30 周年大会讲话中，强调了加快培育新兴海洋产业，支持现代化海洋牧场建设，着力推动海洋经济向质量效益型转变。2019 年中央一号文件再次提出推进海洋牧场建设。农业农村部积极推进国家级海洋牧场示范区的建设。

2019 年，科技部发布了国家重点研发计划"蓝色粮仓科技创新"等重点专项，将现代化海洋牧场的关键技术研发与示范列为重点项目，着力解决现代化海洋牧场建设过程中还存在的一些技术难题。相信在政产学研的共同努力下，在不远的将来，中国的现代化海洋牧场建设事业一定会取得更加辉煌的成就，为中国海洋经济持续健康发展及海洋强国战略的加快实施提供强大动力。

二、现代化海洋牧场的功能在全球碳循环中起到重要作用

现代化海洋牧场作为一二三产业融合发展的有效载体，除了渔业生产的基础功能之外，还将集海洋生态环境修复、资源养护与增殖、高质海洋水产蛋白供应、废弃物资源化循环利用、科学研究、科学普及教育、休闲渔业等第三产业发展、海洋文化传承等功能于一体。特别是其中随着鱼、虾、贝、参、藻等对象生物资源的增加及不断产出，海洋牧场的渔业碳汇功能将会增强。其对整个大气气候的调节作用也将更加凸现。

三、充分发挥海洋牧场"屯渔戍边"的作用

加快推进中国近海海域的全域牧场化建设，特别是在疆界等敏感区域，在保护增殖渔业资源的同时可充分发挥海洋牧场"屯渔戍边"的作用。海洋牧场的建设内容包括了水域生态建设、环境保护和资源养护增殖等一系列工程，这些工程的实施不仅可以为海洋生物改善和优化生态环境，建家立园，还可为边境水域的资源保护、疆界的划分提供保证和标识。这对中国实施海洋战略和强化海洋权益具有重要意义。

四、有利于促进现代化海洋牧场与其他用海方式融合发展

现代化海洋牧场与其他用海方式融合发展的趋势越来越明显。传统的海洋牧场属于农业生产范畴，均是在农渔业区域内开展相关建设，但随着近海海洋开发的不断推进，在各类用海方式挤占用海空间、用海矛盾日益突出及生态保护愈加严格的现状下，海洋牧场与其他用海方式融合协调的趋势越发明显。由于海洋牧场是在修复和优化海洋环境、养护与增殖渔业资源的基础上开展渔业生产，因此具备融合发展的潜力。例如海洋牧场建设可与渔港、游船码头、海上机场以及海上风电场等海洋工程结合，不仅仅可降低和消除这些海洋工程造成的海域生态损伤，还可以为鱼贝类等海洋生物提供更好的生息场，促进海洋渔业和海洋经济的可持续协调发展。在近岸建设的基础上

向深海推进，以实现中国近海海域全域牧场化。随着近岸渔业空间发展的受限，现代化海洋牧场向深水区域拓展将成为趋势。发展高层大型鱼礁，设置鱼类洄游通道诱导型鱼礁，诱集养护洄游性鱼类，提升洄游性鱼类资源量及可持续开发能力，通过近岸浅水区与近海深水区域的协同开发、有效串联，将会有效拓展现代化海洋牧场发展空间，全面提升其综合效益，最终实现中国近海全域海洋牧场化。

五、以点带面促进现代化海洋牧场建设全面升级

中国南北海域纬度跨度大，现代化海洋牧场建设技术和模式存在一定差异。渤海、黄海海域主要以海湾生境为主，是中国传统渔业主产区，构建海洋牧场的主要目的在于修复受损生境与养护渔业资源。例如，通过设置人工鱼礁、人工藻礁，营造海藻/草床，修复与优化经济生物的栖息场所，放流经济生物，实现海洋环境保护、生境修复和资源持续利用并举的目标。东海海域主要以岩礁海域为主，通过修复补强和拓展岩石相生境（包括海藻场）的生态功能和幼苗放流等，大力提高对岩礁性高值渔业资源的养护和增殖，并通过休闲海钓等渔业资源利用模式的创新，实现区域生态环境和生物资源的可持续发展。南海海域以珊瑚岛礁生境为主，恢复珊瑚礁生态系统和岛礁渔业资源、增殖珊瑚礁特色海洋生物资源并实现高值化利用，是实现南海生物资源可持续利用、促进社会经济发展的重要内容。

第九章　创新模式之实验农田模式

习近平总书记 2013 年 11 月 27 日在山东考察时强调，"保障粮食安全是一个永恒的课题，任何时候都不能放松"。习近平总书记在参加十三届全国人大二次会议河南代表团审议时指出："要扛稳粮食安全这个重任。确保重要农产品特别是粮食供给，是实施乡村振兴战略的首要任务。"

实验农田模式可以将不宜农的区域变为宜农区域，比如耐盐碱水稻的大规模推广，就对守住中国耕地 18 亿亩红线具有十分重要的战略意义。同时，我国大量的咸水资源也得以利用，可有效缓解淡水资源紧缺。发展实验农田模式或许可以从根本上解决我国的粮食安全问题。

第一节　实验农田模式的基本内涵

实验农田模式是指根据农村本地农业的自然条件，依托各级政府的支持，通过农业科研人员的不断试验，从无到有，研发出既适用于本地种植、又可多地推广的新品种，使过去不利于发展种植业的农村地区，能够拥有适宜本地种植的农作物品种，并在此基础上，带动其他农业业态的发展，为农业农村的转型发展提供动力，形成依靠科技兴农的农业发展模式。

第二节　实验农田模式的形成过程

乡村的发展往往离不开种植业，而农作物的生长往往需要与之适应的自然环境，但各地自然环境和地理条件差异巨大，土壤贫瘠的地区不适宜发展传统种植业。一般情况下，无法发展传统农产品种植的地区，往往也无法发展养殖、旅游和农家乐等产业，这样一来，不仅土地会抛荒，这些地区的农业发展、乡村振兴、农民增收也会面临巨大困难。在这种情况下，通过开发新的种植技术和农产品，研发适应这些地区的新型农业品种就成了破题的重点。在原来不适合发展种植业的乡村培育和运用这些新型农业品种，使这些地区获得新的发展机会，需要政府、科研团队和商业资本的共同努力。

实验农田模式的形成首先需要政府的重视和支持。对于农业"荒漠"地区来说，培养适应这些地区种植的农产品新品种，往往耗时较长且需要巨大资金则损失巨大。在该过程当中，还可能会承担较大风险，研发一旦失败，则投入的资金。虽然存在对新品种的需求，且这种新品种一旦研发成功，就会产生巨大的经济和社会效益，但是对于一般的企业来说，往往没有足够的动力去进行商业研究。另外，在农作物实验中，往往需要较大规模的土地，这也需要政府部门统一协调和规划。因此在实验农田模式的形成过程中，需要依靠政府的力量组织科研团队并引导资金进入其中。

实验农田模式的形成需要吸引科研人才，建立科研团队。在原来不适合发展种植业的地区培育适合的品种，除了需要政府的支持，还离不开优秀的科研团队。农作物新品种的研发耗时较长，技术含量较高，必须有一支专业性强、有经验的科研团队才能完成新产品的研发。

实验农田模式的形成也需要社会资本参与。前期新品种的实验和开发过程中，由于农业生产周期长以及易受自然灾害等环境因素影响，农业相关投资回报周期较长且波动性较大，存在不确定性，导致社会资本投资的积极性往往不高，需要政府的引导。但是在新品种农作物研发成功且可预见收益后，就会吸引社会资本的介入，促进农作物种植面积的增加，保障未来长期种子的供给和作物的改良。依靠社会资本的力量，能使该模式得以继续延伸。

新型农作物的研发成功与推广并不是实验农田模式的终点，而是实验农田模式的起点。仅凭借单纯的发展种植业虽然能够增加这些乡村收入，改善乡村面貌，但在继续发展的过程中，需要以该产品的实验和种植为依托，多元化发展，实现乡村振兴。

第三节　实验农田模式中的典型案例

实验农田模式的经典案例主要是集中分布在青岛城阳上马街道和东营垦利两地。青岛海水稻研究发展中心成立于2016年，由袁隆平院士担任主任和首席科学家，并牵头整合国内外在水稻遗传育种和植物光合作用研究领域顶尖科技人才，建设一流研发团队。青岛海水稻研究发展中心旨在立足青岛，面向世界，打造世界领先的科研和产业化应用平台。

青岛城阳上马街道和东营垦利两地利用海水稻这一新品种，使原来不适宜种植农作物的地区，可以种植耐盐碱的新品种水稻，改变了原来的种植结构，为当地农民增收提供了新途径，也为当地的转型发展提供了途径，农业发展有了新思路。

青岛市城阳区上马街道的盐碱地稻作改良示范基地　（图片来源：人民网）

青岛城阳上马街道桃源河两岸在 20 世纪 60 年代, 受气候等因素影响, 河水漫堤, 海水倒灌, 两岸万亩良田变成盐碱地, 自此荒芜。得益于政府支持以及青岛海水稻研究发展中心的努力, 此处盐碱地变身为"青岛城阳上马稻作改良示范基地"。目前, 该基地的海水稻喜获丰收, 盐碱地稻作改良展示中心投入使用。除了发展海水稻种植, 该地区还大力发展了智慧农业。利用盐碱地稻作改良智慧农业生态应用场景建设, 打造上马基地 5000 亩改良土地生态展示平台, 形成"盐碱地改良生态 + 稻作改良产品生态 + 盐碱地改良后种植生态、改造生态"。根据规划, 未来该基地的范围将超过一万亩, 城阳桃源河两岸将建起青岛"十里桃源、万亩稻香"的田园综合体。

盐碱地海水稻收割场景

东营垦利县地处黄河入海口, 海边盐碱地对于农作物的种植非常不利。受盐碱地的影响, 仅有少量的植被可以存活, 种植的小麦等农作物几乎颗粒无收。经过青岛海水稻研究发展中心的努力, 盐碱地上种植海水稻的推广实验获得成功, 建立了千亩种植示范基地。虽然都是以海水稻的种植为突破点, 给乡村发展带来新的机遇, 但是东营垦利的发展模式又与青岛城阳上马有所区别。该地区基地占地 3000 多亩, 其中有机水稻种植区 430 亩, 稻鸭混养种植区 510 亩, 稻蟹混养种植区 230 亩, 绿色无公害水稻种植区 1580 亩, 特种水稻种植 110 亩，水稻研发实验 120 亩，生态农业示范园 30 亩，稻田 10 亩。

黄河入海口航拍图（图片来源：新华网）

第四节　实验农田模式的实践意义

这种实验农田模式的成功，有多重实践意义和示范意义。

一是从根本上维护国家粮食安全。实验农田模式可以将不宜农的区域变为宜农区域，为实验地自身的发展提供适宜的农作物品种，实验成功的农作物品种可以为自然条件和环境类似的地区，直接提供优良的农作物品种，提高农作物增产增收的潜力。以海水稻为例。通常所说的海水稻，是指能够在盐碱地里生长，甚至不惧怕海水短期浸泡的耐盐碱水稻。我国 15 亿亩盐碱地当中，大约有 2 亿到 3 亿亩有改良成农田的潜力。耐盐碱水稻大规模推广后，对于盐碱地开发利用，守住中国耕地 18 亿亩红线具有十分重要的战略意义。同时，我国大量的咸水资源也得以利用，可有效缓解淡水资源紧缺问题。发展实验农田模式或许可以从根本上解决我国的粮食安全问题。

二是依托实验基地，创建农业产业链，提高农业的科技化水平，带动乡村发展。随着科技的发展，农业已经不再是一个附加值低、科技含量低的产业。农业的发展也需要科研人员的参与。通过科研人员的实地调研和考察，培育农作物新品种，形成新的种植和加工技术等，为地区的农业发展注入新的活力。

三是为其他地区的农业发展提供了一种新思路。在本地自然环境既不利于发展种植业，也不利于发展观光农业的情况下，积极寻求政府资金和科技力量的支持，有针对性地开发适合本地种植的农作物，实现科技兴农。

第十章　创新模式之山水田园画模式

第一节　山水田园画模式的基本内涵

山水田园画模式是指乡村充分利用自身的资源禀赋，利用所在地独具特色的美景，根据人们对山水田园风光的向往与需求，在原本风情风貌的基础上，不同村落间整体规划、综合布局，发展旅游业、观光农业、高端民宿等产业，将乡村的绿水青山真正变为金山银山。

第二节　山水田园画模式的形成过程

传统农业农村的发展往往以种植业为主，也有部分农村位于山区，山清水秀、环境优美。在这些地区单纯发展传统种植业，不仅可能难以与其他地区的农产品竞争，还可能会对当地原本的环境造成破坏。在这种情况下，为了谋求发展，部分农村转变发展思路，利用原有的环境和独特的风光，吸引外部投资，有针对性地绘出了一幅山水田园画卷，既保护了原有的自然风光风貌，又促进了当地农村发展和农民生活水平的提高。山水田园画模式的形成，离不开独特的自然环境、自然条件，离不开社会资本的投入和乡村之间的共谋发展、统一规划。

山水田园画模式的形成需要独特的环境。形成山水田园画模式的首要因素就是有独特的自然、人文环境，这种环境可以是优美的山峦，也可以是秀丽的河川，还可以是独具特色的历史文化传统。这些独特的环境带来的自然景色或人文气息本身就是一幅优美的画卷，为发展山水田园画模式提供了最初的条件。另外，当前来看，不少乡村为了发展，已经开始发展观光农业，发展旅游业，但是同质化严重。随着消费结构的不断升级，人们对于乡村旅游产品更加追求质量，传统、单一、粗糙的乡村旅游产品和形式已经无法满足当今人们日趋个性化、多元化的旅游需求，乡村旅游发展亟待转型升级。当拥有独特环境时，乡村就拥有了有别于其他地区的特色，在发展这些产业时，会更有优势。

山水田园画模式的形成需要有商业资本的投资。拥有独特的环境是发展山水田园画模式的首要条件，不过仅有独特的环境依然不足。自然环境的利用和开发需要投资，但自然环境优越的地区往往位于交通不便、不太适合发展传统种植业的地区，乡村自有资本有限，因此凭借乡村自有的资本，很难摆脱原有的收入状况，也难以改善乡村原先的样貌。在这种情况下，就需要引进社会资本，弥补乡村自有资本的不足。依靠社会资本的力量，不仅能为乡村开发提供资金，还能使开发更有规划性，为乡村发展提供专业指导。

山水田园画模式的形成需要乡村之间的统一规划。景色秀丽地区的范围往往较为广泛，但单个行政村所辖的区域往往较小，即使拥有独特的环境往往也较为有限和单一，无法全面利用当地的资源，挖掘发展潜力。此时，需要多个行政村之间共同合作、统一规划，这样才能最大化地利用区域内蕴含的资源。统筹规划除了能够综合利用各乡村的资源外，还能带动区域的整体发展。

第三节 山水田园画模式中的典型案例

泰安岱岳区道朗镇的九女峰项目是乡村田园画模式的典型案例。九女峰有个美丽的传说。相传天宫九位仙女下凡来此游玩，流连忘返而幻化成九座山峰，因此得名九女峰。过去这里受限于山地的环境，交通不便，生活条件差，致富门路少。为了发展，道朗镇将土地、房屋集中管理经营，打造高端民宿、发展乡村旅游，探索"党支部＋公司＋农村"的生态开发建设模式。

　　九女峰项目的设置为打破原有局面提供了途径。该项目位于岱岳区道朗镇北部山区，规划总面积50平方千米，辐射19个行政村。各村被串联成链，整体规划，是泰安市首批打造的乡村旅游集群片区，成为山东乡村旅游提档升级重点集群片区。九女峰山水田园画模式的形成经历了以下几个阶段。

　　第一阶段始于2013年。"泰山观光、岱岳休闲"的春风吹进了九女峰，但习惯了土里刨食的村民对发展乡村旅游半信半疑。党委、政府从党建基础好的里峪村入手，组织外出学习，手把手辅导，利用旅游专项资金，引导支部书记与11名党员群众带头改厨改厕，开办了首批农家乐和乡村民宿。仅半年时间，户均增收4万多元，其他村民纷纷提交申请，寂静的山村一下子热闹了起来。村党支部随即成立旅游公司，通过评选"党员示范户""美丽庭院""泰山人家星级农家乐"等保障服务，发展起农家乐54户，村民的钱袋子逐渐鼓了起来。

　　第二阶段是在2015年。党委、政府不满足于农家乐的小富即安，深挖生态资源，完善旅游配套，开发了20多个景点，建设了拓展训练中心、美术写生基地；创办香椿采摘节，举办全市第一届村级啤酒音乐节，引入高端房车露营和徒步骑行活动，年接待省内外游客10万人次，旅游收入达500万元。同时，注册了"里峪贡椿""泰山有机核桃""岱玉苹果"等品牌商标，让过去烂在树上的香椿成了抢手货，最高卖到30元一斤；引入的"绿地头"电商平台，让土生土长的山货上了网，价格平均翻了三倍，绿水青山成了实实在在的金山银山，"泰山人家·春天里峪"的品牌全面打响。

　　2017年以来，开启了第三阶段建设。乡村振兴的春风吹进了九女峰。党委、政府总结里峪经验，以"五个振兴"为抓手，将九女峰19个村串联成链，整体规划，借助入选全国首批农村综合性改革试点、全省首批乡村旅游提档升级的重点集群片区的机会，着力打造乡村振兴样板。组织方面，建立"春天里峪党建联盟"，实行"党建联抓、规划联作、产业联建、资源联享、服务联办"。人才方面，聘请专家指导规划开发，为老人留守的八楼村培养外来"领头雁"，吸引人才回乡创办芝峰庄园等项目。生态方面，积极对上争取旅游等相关资金，统一推进养山护林和美丽乡村建设，统一设置旅游标识等设施，建设环山道路25千米、旅游厕所27处、停车场8处。文化方面，推进移风易俗，保护民俗符号，让现代与传统在山村碰撞出新的火花。产业方面，一产做优四大名药、有机茶、里峪贡椿等品牌农产品；二产做强茶溪谷茗茶、芝峰庄园葡萄酒和泰山能量黄精深加工；三产精心打造高端民宿、知青楼、草莓王国、禅茶药研学基地、轮胎主题游乐园和乐惠田园综合体，推动山村"新六产"全面发展。

2018年，共接待游客15万人次；2019年，片区综合投入1.7亿元，吸引投资3.1亿元，项目36个。该项目围绕"休闲旅游、观光农业、高端民宿、康养颐居、教育培训、商业发展"六大产业，打造绿色全域化乡村旅游。该项目将打造一二三产业高度融合乡村集群，形成可借鉴、可复制、易推广的特色样板，创造"能吃、能住、能玩、能购、能让群众富起来、能让村集体有收入"的新模式，推动当地农业全面升级、农村全面进步、农民全面发展。当前各村的文化内涵正在被深度发掘，他们在努力绘就多样化的"齐鲁风情画"，形成具有山东特色的现代版"富春山居图"。

第四节　山水田园画模式的实践意义

首先为拥有秀美风光但是却不适宜发展传统农业的乡村地区提供了发展思路。对于山东省乃至全国来说，有大片农村位于不太适宜发展传统种植业或者传统养殖业的山区。这些地区之所以不适宜发展传统农业，可能是因为交通不便、地势复杂、土地贫瘠或者是发展农业成本或机会成本过高等因素。但是绿水青山就是金山银山，自然环境好、风景秀丽的地区可以利用自身具有的环境资源禀赋，不再简单地发展传统种植业或尝试寻找适宜的经济作物，而是围绕当地良好的环境做文章、挖掘潜力。

其次在乡村发展中，要脱离孤立发展的原有思路，尝试连片发展，统一布局，既能尽量利用原有的自然禀赋，又能在统一规划的基础上差异化发展，做到村落之间同中有异，协调发展。乡村之间的统一发展，除了乡村之间要建立合作意识外，还需要上一级政府树立合作的意识，为乡村之间的合作和规划提供指导，规避在发展中可能遇到的障碍与问题。

另外，山水田园画模式的实现，可能是一个长期过程，需要有规划、有步骤地长期发展。实现乡村振兴是乡村发展迫切需要实现的目标，在发展的过程中切不可操之过急。比如泰山九女峰的发展，就经历了一个相对较长的发展过程，在不同的发展阶段各有侧重，逐渐绘就出一幅乡村发展的"山水田园画"。

第十一章　创新模式之传统农业再发展模式

第一节　传统农业再发展模式的基本内涵

传统农业再发展模式是指乡村依然是以传统种植业为主，不是频繁引进原来没有的经济作物或简单地加入农产品供应链，而是利用当地环境，发展原有特色农产品或引进特色农产品，深挖其中蕴含的价值，延伸拓展产业链，积累乡村发展所需资金，使农民增收以及富美宜居乡村的建设得以实现，创造一条乡村振兴的新模式。

第二节　传统农业再发展模式的形成过程

对于大部分农村地区来说，农民收入的主要来源依然是以传统种植业为主。有多个乡村在传统种植业发展过程中，得益于得天独厚的气候、水温和土壤条件，已经形成了自己的特色农产品。但是单纯种植和销售农产品，附加值往往较低，而引进新的农产品可能面临较大风险且市场变化难以预估。在这种情况下，拓展思路，在原有农产品基础上全方位延伸产业链就成了农村发展努力的方向。

传统农业再发展模式的形成首先需要当地具有特色农产品。形成特色农产品能够增加农民收入，促进农村发展，进而为地区未来发展积累资本。乡村拥有的特色农产品，还能够提高当地知名度，成为乡村发展的名片，为吸引投资、游客和乡村未来的发展打下基础。特色农产品的形成也并不是一定要每个乡村各有不同，可以是某个地区种植某一种特色农作物，这样在该作物的总产量中，该地区所占比例更高，能够更好地发挥规模效应，同时也能够获得一定的定价权。

仅具有特色农产品，依然不能够实现农村发展，因为农产品种植业的附加值往往较低；乡村想要继续发展，就需要延伸农产品的产业链，以这些农产品为中心，拓展其他产业。首先可以发展农产品加工业，对特色产品进行加工，增加农产品价值，进而可以依托科研单位和社会资本的力量，继续研究农产品所蕴含的价值。除此之外，还可以以该农产品为依托，发展特色旅游业。

传统农产品再发展模式的形成还需要政府的引导和支持。单纯依靠乡村自己的发展，可能会存在只关注当前利益而发展无序的状况，因此需要政府的引导。另外，单纯凭借乡村自身的力量，也难以有能力吸纳资金和引进新的农业技术。

第三节　传统农业再发展模式中的典型案例

山东省金乡县的金乡大蒜是传统农业再发展模式中的典型案例。金乡县是全国著名的大蒜之乡，大蒜种植历史已有 2000 余年。在乡村振兴的过程中，该地区没有选择引进其他品种的农产品，而是以原有的特色农产品——大蒜为主业带动地区的发展。金乡因蒜而名、因农而兴，享有"世界大蒜看中国、中国大蒜看金乡"的美誉。金乡常年种植大蒜 70 万亩，带动周边种植200 余万亩，拥有大蒜储存加工企业 800 余家，大蒜冷藏加工能力超过 300 万吨，产品出口 170 多个国家和地区，占全国总出口量的 70% 以上，是名副其实的世界大蒜种植培育、储藏加工、贸易流通、信息发布和价格形成中心，成功争创为全国首批、全省首家国家现代农业产业园。金乡大蒜先后荣获"中国驰名商标""全国名特优新农产品"等荣誉称号，并获欧盟地理标志认证，连续七年荣获国际有机食品博览会金奖，品牌价值超过 200 亿元。这些有力带动了县域经济发展和农民收入持续增长，引领了全国大蒜产业的发展潮流，为全国乃至世界大蒜产业的发展壮大作出了积极贡献。

金乡县国家现代农业产业园作为首批国家级现代农业产业园项目，立足大蒜产业，构建包括绿色优质大蒜种植业、大蒜特色产品加工业、现代农产品物流业、农业休闲旅游业等在内的大蒜产业集群。目前，产业园规划建设国际蒜都中心和蒜都小镇，探索建立与农民利益联结机制，打造乡村振兴的"金乡样板"。

第四节　传统农业再发展模式的实践意义

传统农业再发展模式为以传统种植业为主要收入来源的乡村提供了发展模式，将当地传统农产品打造成特色并拓展出各种产业链，实现乡村的发展。这些特色农产品既可以是原来本地拥有的农产品，也可以是后来引进的农产品。

近年来，农业农村部和各级农业农村主管部门加强指导服务，发挥资源优势，大力培育发展"一村一品"，建设一批"一村一品"示范村镇，已经取得了一定成效。"一村一品"的实现能够增加农产品收入，促进农村发展。传统农业再发展模式为率先实现"一村一品"或本来就有特色农产品的乡村发展提供了新模式。可以继续以原有农产品为基础，利用科学手段和资本的力量，不仅仅局限于进一步发展农业加工产业，而是多方向延伸产业链，多途径拓展出新产业。除此之外，也为难以实现"一村一品"或引进新品种农产品的乡村发展提供了思路。不必局限于寻求改种别的农产品，也可以实现农民增收和乡村发展。率先挖掘现有农产品的价值，延伸本地原有农作物的产业链，抢先谋划布局，实现"老树发新芽，旧枝绽新花"，惠及农民，改善乡村。

第四篇 乡村振兴齐鲁样板的经验总结与趋势展望

第十二章　经典模式经验总结及推广价值

习近平总书记嘱托打造乡村振兴齐鲁样板以来，山东省各地深入学习贯彻习近平总书记关于"三农"工作重要论述和视察山东重要讲话、重要指示批示精神，聚焦打造乡村振兴齐鲁样板这一重要政治任务，坚决扛起农业大省责任，按照山东省委、省政府部署要求，着力推动"五个振兴"落实落地，探索形成了一些有特色的乡村振兴的经验做法。

通过对山东各地做法进行初步总结，大致有七种典型做法，分别是：土地政策撬动、龙头企业助推、园区片区综合治理整体开发、美丽乡村拉动、人才返乡下乡创新创业带动、基层党建引领、"三区"共建全域推进等。这七种做法既有过去我省创造的农村改革发展经验的再创新再提升，又有党的十八大以来出现的新典型新经验，体现了乡村振兴"产业兴旺、生态宜居、乡风文明、治理有效、生活富裕"的总要求，是习近平总书记提出的乡村振兴"七个之路"和"五个振兴"重要指示在山东省的生动实践，具有可复制推广价值。

一、利用土地政策撬动乡村振兴的做法

这种做法主要是指利用城乡建设土地增减挂钩政策，充分挖掘农村建设用地、宅基地复垦整理的耕地和其他农用地的潜能，并将土地增值收益用于支持乡村振兴，既解决了"钱从哪里来"的问题，又改善了农民居住环境，促进了土地流转和适度规模经营，为产业振兴和农民增收创造了条件。如菏泽的曹县、单县，德州的平原、陵城，聊城的阳谷、茌平，滨州的阳信、邹平等，在这方面都进行了有益探索，积累了典型经验。这种做法主要包括五个方面：一是统筹村庄布局、编制村庄发展规划。按照村庄的不同发展类型，

在全县范围内规划建设适宜集聚的农村社区，每个社区规模在万人左右。二是构建多元化融资体系。利用涉农资金整合、农发行长期贷款、省土发集团融资等多种渠道，多措并举解决资金问题。三是严把资金使用和建设质量关。一般预留15%的基础设施建设用地，将社区拆迁补助资金的20%全部用于基础设施配套，成立专门质量监督小组等，对农村社区建设实行全程监督。四是同步加强产业配套。补助资金用于改善农业基础设施条件，规范土地流转，确立主导产业，培育新型生产经营主体，并配套发展生产生活服务业，切实保障农民就业，推动乡村产业振兴。五是以组织振兴为保障，充分发挥县、乡、村三级党组织的统筹领导和战斗堡垒作用。利用土地政策的做法，适合在土地较多、村庄规模较小、经济发展水平不高的平原地区、沿黄滩区推广，可结合扶贫异地搬迁政策统筹推进。同时，省里在土地审批、资金倾斜、古村保护等方面也要给予有力的支持和指导。

二、龙头企业回乡投资、助推乡村振兴的做法

山东省是农业产业化的发源地，龙头企业数量多、实力强，在这方面的典型经验很多，也比较成熟，具有先发优势，如新希望六合集团在全省七个市打造的聚落式种养基地和特色小镇、泰安泰茶公司的"良心谷"、聊城凤祥集团建设的"春晓田园"、诸城得利斯集团建设的特色小镇等。这些龙头企业一头连着市场，一头连着农民，推动农业产业化经验丰富、带动能力强，在新历史条件下，借助乡村振兴政策机遇，进一步拓展同农业农村农民联系合作的领域，促进资本、人才、技术、管理与乡村资源、产品、劳力、文化等要素融合，特别是更注重构建与农民的利益连接机制，已成为乡村振兴的重要力量。这种做法的要点：一是拓展产业基地。按照"三权分置"制度安排，规范流转土地，连片建设产业基地。二是突出产业特色。立足资源优势和市场需求，确立主导产业产品，找准产业发展突破口。三是推动产业融合发展。把发展农业与文化、旅游、培训、养老等深入融合，延伸产业链，提升价值链，创新经营模式，提高综合效益。四是让农民更多分享产业化成果。建立产业化经营模式，密切利益连接机制。注重让利于民，与农民建立利益共同体。五是助推集体经济发展。村"两委"主动加强与龙头企业的联系，通过领办合作社，提高农民组织化程度，发展壮大村集体经济。这种做法在山东省有基础，也比较普遍，但在推广过程中要注重两个方面：一是加强工作指导，确保在规范用地、保护小农利益、避免在非农化非粮化等方面出问题；

二是加大政策支持，在资金补助、保险担保、优惠金融支持上出台更多优惠政策，充分调动龙头企业的主动性。

三、园区片区综合治理、整体开发加快乡村振兴的做法

这种做法主要是以行政区划、流域、片区等为单元，实行统一规划、统一开发建设，统筹布局区域内农民生活社区和主导产业，解决制约生态和产业发展的突出问题，从根本上改善生态、生活和生产条件，实现区域内生态面貌、产业发展和农民生活方式的同步改善。日照的"林水会战"、临沂的田园综合体、潍坊的 30 平方千米片区治理、青岛的连片建设美丽乡村等，都是这方面的成功探索。这种做法的要点：一是注重质量，高标准高起点进行园区片区规划设计。二是多方投入，产业集群，同步谋划产业布局和筹资融资，全方位支撑农村发展。探索建立政府投资、工商资本参与的投入机制，通过规模化、标准化建设，品牌化、市场化运作，形成区域特色明显、发展潜力大、经济社会效益好的产业或项目集群。三是突出特色，优化村庄布局，完善公共服务，方便群众生活。政府主导加快建设和完善区内公共服务体系，为区内农民提供基本而有保障的公共服务，降低农民生产生活风险，维护农民权益，提升农民幸福指数。四是实行多级联动，通过利益连接共享乡村振兴成果。发挥党建引领作用，建立完善"村规民约"，引导农民群众自我约束、自我管理、自我提高。这种做法是较大区域范围内乡村建设的积极探索，是统筹解决好区域内生产、生态、生活的有效途径。随着国家对园区片区支持力度的加大，地方和社会资本推动的积极性还会提高，但要注意规避同质化、形象化问题，也要重视用地红线和农民利益保护的问题。

四、建设美丽乡村、拉动乡村振兴的做法

山东省委、省政府积极推动美丽乡村建设，每年拿出 5 亿元重点打造 100 个美丽乡村示范村，取得了显著成效，涌现出了大批典型，如烟台莱阳的濯村、淄博博山的中郝峪村、济南长清的马套村、临沂兰陵的压油沟村等。主要做法是：从改善乡村的生态环境入手，突出人居环境整治和脏乱差治理，同步发掘自然风光、历史底蕴、特色文化等优势，把美丽乡村建设与发展文旅产业结合起来，把改善乡村生态环境与乡风文明结合起来，走出了一条生态振兴、文化振兴的乡村振兴新路。做法要点如下。一是编制实用性村庄规划。坚持"多规合一"，将村庄布局、产业发展、生态涵养等统筹考虑，找准

村庄特色优势及短板，高质量编制村庄规划，一张蓝图干到底。二是以环境改善凝聚人心。通过人居环境整治，改变村容村貌，让群众最直接、最迅速地感受到党组织的战斗力，凝聚起干事创业的合力。三是招商引资推动乡村跨越发展。以良好环境吸引社会资本、金融资本、财政项目等注入，实现村庄跨越式发展。四是注重尊重群众、发动群众。在村庄规划、村庄发展上，主动问计于民，听取群众意见，形成村庄发展良性机制。五是发挥好政府在村庄规划、基础设施建设、土地供应、环卫一体化、社会保障等方面的保障引导作用。推广这种做法，要规避三个问题。一是没有规划或脱离实际，生搬硬套别人的经验和模式，或盲目套用城市建设模式等。二是忽视产业发展。认为美丽乡村建设就是绿化、美化，不抓产业振兴，导致乡村缺乏内生动力。三是只重"面子"不重"里子"。脱离群众搞建设，只做表面文章，不建配套设施、管护机制，不抓村风民风，形不成与群众的共鸣共识和共建共享。

五、人才返乡下乡、创新创业带动乡村振兴的做法

人才振兴是乡村振兴的重要内容和标志。随着乡村创业机会的增多、基础条件的改善，乡村对人才的吸引力越来越强，如聊城茌平的耿店村、威海荣成的东楮岛村、滨州沾化的堤圈村、青岛平度的沙北头村等，都是这方面的典型。这种做法是通过产业发展、服务完善、环境打造、政策支持等多种措施，吸引人才返乡下乡、创新创业，进而带动乡村产业升级、管理升级和效益增加，形成乡村产业强、人气旺、乡村再建的新局面。做法要点如下。一是发展特色产业吸引人才返乡下乡。结合村庄条件，找到发挥自身优势的主导产业，如设施农业、乡村旅游、电商服务等，让创业者看到农村里好的发展形势和发展机会，愿意返乡下乡创业。二是制定激励政策帮助人才创业。制定返乡创业补贴等激励政策，帮助解决创业中遇到的资金、技术、管理难题，使人才创业成本降低、风险规避、成功率提高。三是搭建人才创业平台载体。通过打造农业产业园区、电商创业园区、批发市场等帮助创业人才更好地连接市场，建立专业合作社等载体帮助创业人才提升管理水平。四是提升农村生活环境和公共服务。建新农村社区或村庄整治改善人居环境和居住条件，建农家书屋、文体广场等提升文化生活，建幼儿园、小学等提升教育条件，建标准化卫生室提升医疗水平，使年轻人不仅能享受到城市生活，而且能享受到田园风光，从心底愿意留在乡村。乡村振兴，人才是关键。在鼓励引导人才返乡下乡创业方面，不仅要关注他们收入的提高，更要注重他们

内在生活质量的改善，把不断改善乡村的人居环境、教育医疗等放到越来越重要的位置上。

六、基层党建引领乡村振兴的做法

乡村振兴，组织建设是保证，加强党支部和带头人建设是首要条件。实践充分证明，哪个村有一个过硬支部和好的带头人，哪个村就产业兴、群众富、人心齐。2018 年，习近平总书记讲到的代村、亲自考察的三涧溪村都是这方面的典型代表。在山东省还有一大批像代村、三涧溪村这样的先进村，如东营的东庞社区、淄博淄川的赵瓦村、临沂平邑的九间棚村、烟台栖霞的东院头村、潍坊昌乐的庵上湖村、菏泽单县的刘土城村、泰安肥城的前兴隆村等。这种做法的要点一是选好人。拓宽选人视野，本村没有合适人选的，通过回请、选派"第一书记"等方式，选配公道正派、全心为民、又有发展思路和能力的党员担任村党支部书记。二是解难题。优化村"两委"成员配备，解决好班子不团结等常见问题；逐条分析导致村庄穷、乱的原因，逐一采取针对性措施解决。三是强产业。村级党组织牢牢抓住发展经济这条主线，把党建工作深度融入到村庄产业发展中。村级党组织充分发挥政策、信息、资源等优势，结合村庄自身条件，带领村民找准发展路子，帮助群众致富。或者采取"党支部＋合作社"方式，党组织直接参与，同群众一起搞产业，使村庄产业逐渐发展起来。四是善治理。通过建立健全"四议两公开""五步议事法"等机制，使村级事务公开透明，提高群众对村党组织的信任度。从红白事办理抓起，坚持党员干部带头，以党风带民风，以民风促村风，形成家风正、民风淳、村风好的局面。特别是一些领头人能力较强、发展水平较高的地方，出现了强村带弱村、流转邻村土地统一发展规模经营、建设联合支部的做法，对乡村振兴有很强的指导和示范意义。

七、诸城市"三区"共建、全域推进乡村振兴的做法

诸城市发挥农业产业化起步早的优势，在不断深化产业化经营的同时，探索农村社区改革、农业园区建设的路子，在推进乡村振兴的背景下，又提出生产园区、生活社区、生态景区"三区"共建，全域推进乡村振兴、创新提升"诸城模式"新内涵的思路。主要内容是：以生活社区为单元、以生产园区为支撑、以生态景区为底色，每个生活社区至少建设 1 个以上的生产园区、1 个以上的生态景区，让农民群众生活在社区、就业在园区、休闲在景

区，在家门口就能享受到同城里人一样的高品质生活。为此，诸城市制定了《推进"三区"共建共享的实施意见》，明确了生产园区、生活社区、生态景区"三区"共建共享的路径任务和责任，配套推进城乡建设用地增减挂钩，与农村社区聚合区建设、土地综合整治、占补平衡、现代农业、乡村旅游等相结合，全力打造新型社会生活共同体。这是一个县级市全域推进的典型做法，对其他地方也有很好的借鉴意义。

习近平总书记指出，实施乡村振兴战略是一项长期而艰巨的任务，要遵循乡村建设规律，着眼长远谋定而后动，坚持科学规划、注重质量、从容建设。书中对山东省七种做法的总结还是初步的，其中不少措施和成效还需要长时间的检验。下一步，我们将深入学习贯彻习近平总书记关于"三农"工作重要论述，以打造乡村振兴齐鲁样板为主题主线，加大对典型做法的总结挖掘，成熟一批、推出一批、宣传一批、复制推广一批，坚持典型引路、以点带面、从容建设、久久为功，发挥农业大省优势，扛起农业大省责任，扎实推动乡村振兴各项工作不断深化，打造好乡村振兴齐鲁样板。

第十三章　乡村振兴齐鲁样板未来展望

随着国家乡村振兴战略的全面深入实施，未来五到十年我国乡村发展将处于大变革、大转型的关键时期。随着农业农村改革的进一步深入推进，农业生产、农村形态、农民生活、城乡工农关系等诸多方面都会呈现新的特点和变化趋势，新型城镇化和乡村振兴双轮驱动，各类创新创业要素将加快向乡村流动，先进科技和要素渗透将推动乡村产业深刻变革，农村经济业态将更加多元化，新型职业农民将是承载乡村振兴的希望和未来。但是，也必须客观看待我国农业农村发展的现实困难：大量农民生活在农村的国情不会改变，乡村发展的差异性和多样性趋势仍将延续，解决"三农"发展的短板问题也不可能一蹴而就，实现乡村振兴将是一个艰巨的长期战略性任务，也是我国建设现代化强国的重点与难点。

一、乡村振兴与新型城镇化双轮驱动将成为新常态

乡村振兴不能就农村论农村，国家出台的《乡村振兴战略规划（2018—2022 年）》明确提出："坚持乡村振兴和新型城镇化双轮驱动，统筹城乡国土空间开发格局，优化乡村生产生活生态空间，分类推进乡村振兴。"因此，乡村振兴与新型城镇化双轮驱动将成为新常态，而城乡关系、工农关系的重塑是新时代做好"三农"工作、促进农业农村现代化、实现乡村振兴的重要抓手。

（一）坚持城乡融合发展是实现乡村振兴的路径与导向

城市和农村是人类经济社会活动的两个基本区域，推动城乡融合发展既是经济社会发展的内在规律，也是我国建设现代化强国的重要内容和发展方向。从发展经济学理论上讲，工农关系决定了城乡一体化或者融合发展的水

平，农业和工业之间、城市和农村之间存在有机的内在联系，彼此互为补充和依赖，不能人为割裂二者的联系。城乡融合发展必须破除城乡二元结构，这也是未来乡村振兴的方向与路径。

新时代乡村振兴亟待重塑新型城乡工农关系。随着近年来我国城镇化水平的不断提高、新农村建设的持续深入推进，城乡之间的相互联系和影响作用明显增强，城乡之间的人口、资源、要素、产权流动和交叉整合日趋频繁，产业之间的融合渗透逐步深化，城乡之间呈现"你中有我，我中有你"的发展格局。越来越多的问题表现在"三农"，根子在城市；或者问题表现在城市，根子在"三农"。这些问题的解决，需要系统的制度设计，不能简单地"头痛医头、脚痛医脚"。

城乡统筹主要强调政府资源的统筹分配，但在引导社会资源资本和人才支持"三农"发展方面却表现乏力，容易成为薄弱环节。城乡一体化发展则更侧重于加强对"三农"发展的外部支持和"以城带乡"，弥补"三农"发展的短板，逐步缩小城乡差距。相比之下，推动城乡融合发展与前两者一脉相承，但站位更高，内涵更丰富，更容易聚焦城乡之间的融合渗透和功能耦合。目前，单靠城乡统筹和促进城乡一体化发展，已经越来越难以适应新时代社会主要矛盾的变化，也不利于城乡关系的重塑。因此，建立健全城乡融合发展体制机制和政策体系，引导更多的社会资源和人才参与"三农"建设，解决城乡发展失衡、农业农村农民发展不充分的问题，让广大农民在共建共享乡村振兴的过程中有更多的获得感、幸福感，对满足城乡居民不断增长的美好生活需要具有重要意义。坚持城乡融合发展是实施乡村振兴的重要途径和战略需要。

（二）新型城镇化是促进乡村振兴的重要推动力

推进新型城镇化与乡村振兴都是我国建设现代化强国的重要内容，二者相互促进。由于农村自身所具有的相对封闭性、滞后性特点，发展的内生动力不足，决定了乡村振兴不能就农村而言农村，必须在"四化同步"推进的宏观背景下，结合新时代城镇化的新要求，加快城乡互动促进乡村振兴。各国实践证明，一个国家和地区的城镇化水平越高，城市支持农村、工业反哺农业的条件和能力就越强，农业农村发展步伐就越快。城镇化对乡村振兴的带动作用主要表现在三个方面。

1. 通过吸纳农村剩余劳动力为乡村振兴创造条件

城镇化是农村剩余劳动力转移的重要渠道。随着现代生产力水平的不断提高、国家开放政策的不断深化和市场经济体系的更趋成熟，城市现代产业发展对人口的集聚能力显著增强，农村剩余劳动力的城镇化转移，使农民在获得工资性收入的同时，还获取了必要的现代产业技能和城市生活方式，有利于农民返乡创业并促进乡村发展。

2. 城镇化为现代农业发展创造了新的机会和需求

随着城镇化水平的提高，城市发展对农村产品提出了更大的需求，对农村的粮油蔬菜供给保障能力和农产品质量也提出了更高要求，特别是将加速农业经济形态的转化，农产品精深加工、休闲观光农业、乡村文化旅游、农村电子商务等三产融合发展态势将不断增强。随着新时代城乡居民消费结构加快升级，多元化、个性化的中高端消费需求将快速增长，从而有利于推进农业由增产导向转向提质导向，服务城市需求的现代农业将得到大力发展。

3. 城镇化有利于形成全社会共享发展成果的机制

城镇化是一个城乡双向互动的过程，在促进农村人口向城镇集聚转移的过程中，农民的生产生活方式得到了较大的改变，现代城市文明也加速向农村传播和扩散，城市基础设施、公共服务产品等也逐渐向农村延伸，从而促进城市资本、人才向农村流动。这一互动过程有利于城乡要素交换和公共资源的均衡配置，加快实现城乡基本公共服务均等化，使农民能享受到改革发展的成果，有利于推动形成全社会共享发展成果的机制。

二、新型职业农民将是推动乡村振兴的重要力量

伴随乡村振兴战略的深入实施，我国农村土地制度改革、户籍制度改革将持续深入推进，农业农村发展的政策红利将进一步释放。同时，新型城镇化和工业化进程加快，城市支持农村、工业反哺农业的能力明显提升，乡村现代化建设步伐将进一步提速，城乡要素流动性也将进一步增强，乡村将成为创新创业者和投资者青睐的热土，新型职业农民将成为乡村振兴的重要力量。

（一）各类创新创业要素将加快向乡村流动

1. 城乡基础设施互联互通增强要素流动的便利性

城乡融合发展是乡村振兴的重要导向。随着以交通、信息、能源、公共服务设施为代表的城市基础设施向农村延伸，农村综合生产生活条件将发生重大改变，城乡要素市场一体化水平将大为提高，城市要素流向农村的基础设施瓶颈得以破除，要素流动的自由性和便利性明显增强。

2. 城市资源配置需要新的发展空间

随着城市人口的大量集聚，城市建设和功能拓展均将受到内部发展空间的制约，城市资本需要新的投资领域，城市部分功能需要向乡村外溢，城市居民需要新的创业就业载体和空间，因而服务城市需求的农村新型产业将带来大量新的投资机会，为城市资源的优化配置提供新的广阔空间和有利条件。

3. 乡村自身现代化发展需要城市资源要素的支撑

农村人才资源和创新要素匮乏是制约农村实现现代化的最大障碍，无论是乡村综合环境的整治、乡村产业的振兴，还是乡村文化的繁荣都需要城市创新资源的支撑。特别是随着乡村综合条件的改善，对城市资源的吸引力将逐步增强，乡村将成为新时代创新创业的载体和热土。

（二）农民从身份到职业的转化进程将加快

随着乡村振兴和城镇化双轮驱动发展，"农民"去身份化和职业化必将成为新的发展趋势。

1. 现存的"农民"身份在制度设计上将逐步淡化

户籍制度改革是破解我国城乡二元结构难题、推动新型城镇化的重要内容和举措。自 2002 年国家提出统筹城乡发展以来，各地在推动户籍制度改革方面已经做了多方探索，逐步取消户口的农业和非农业性质差异已成为共识，这也是以城乡融合发展推动实现乡村振兴的内在要求，"农民"身份将逐渐淡化。

2. 新型职业农民是未来乡村创新创业的主体

城镇化和户籍制度改革可以缩小城乡差距和促进城乡居民基本公共服务均等化。但无论社会如何发展，只要农业作为一种产业存在就必然会有职业农民存在，农业产业经营也必然要遵循市场机制和规则以实现利润最大化。"农民"本身属于职业的范畴。在"农民"去身份化的过程中，新型职业农民群体将大量出现。在新时代，农业生产现代化的核心因素将取决于农业劳动力的素质，高素质的职业农民是推进乡村振兴的主体和生力军。新型职业农民是指具有科学文化素质、掌握现代农业生产技能、具备一定经营管理能力，以农业生产、经营或服务作为主要职业，以农业收入作为主要生活来源，居住在农村或集镇的农业从业人员。据农业农村部出台的"十三五"全国新型职业农民培育发展规划目标，全国新型职业农民总量在 2020 年将超过 2000 万人，职业农民承载了我国乡村发展的希望和未来。

三、高新技术和要素渗透将推动乡村产业振兴深刻变革

当前，大数据、物联网、人工智能等现代科学信息技术蓬勃发展，现代产业正面临科技进步带来的深刻变革，新业态、新模式以及个性化的新需求正加速推动产业融合发展，产业的边界日趋模糊。同样，随着乡村振兴战略的深入实施、现代科技管理知识在农业农村领域的深度应用，技术创新和管理创新成果正在借助产业结构调整，以渐进、渗透、跨界方式改造着农村产业，乡村产业发展也会呈现新的特点和变化趋势。

（一）科技兴农的战略支撑作用将进一步增强

科技兴农就是运用科学技术解决"三农"发展中的实际问题，推动农业农村现代化，这不仅是推动乡村振兴的发展共识，也是我国实施创新驱动发展战略的重要内容，更是适应新型工业化、城镇化、信息化发展的客观需要。未来国家强化农业的科技支撑主要体现在三个方面。

一是更加重视农业科技创新水平的提升。进一步加快完善农业科技创新体系，培育符合现代农业发展要求的创新主体，强化财政资金对农业基础研究领域的投入。重点增强种业创新、现代食品、农机装备、农业污染防治和农村环境整治等方面的科研工作，加快推动农业科技成果的转化应用和绿色技术供给，进一步健全农业技术推广体系。

二是更加重视农业科技创新平台基地建设。鼓励建设打造一批国家级和省级农业科技园、一批科技创新联盟、一批农业科技资源开放共享与服务平台，培育一批农业高新技术企业，强化形成具有国际竞争力的农业高新技术产业。

三是深入推动现代互联网、物联网等信息技术在"三农"领域的应用。国家鼓励发展智慧农业、农村电商，推动农村就业创业及公共服务的信息化、网络化，提升"三农"发展的信息化水平。总之，科技兴农工作的成效将成为决定乡村振兴战略实施成败的关键所在。

（二）乡村产业融合与经营组织变革更趋明显

产业融合发展是现代产业发展的趋势，也是工业化、城镇化、信息化发展到一定阶段的必然结果。随着我国"四化"协同发展的持续推进，城乡一体化融合发展的水平将明显提升，农村也不再是单纯的农业生产场所，三次产业的多种业态相伴而生，互为补充和依赖，产业的界限和业态更趋模糊和多样化，经营组织模式也在不断变革创新。近年来，我国"三农"发展已取得明显成效，农村产业融合发展态势已初步显现，城乡产业发展的关联性更

加紧密，但产业融合发展的层次总体依然较低。从未来发展趋势看，乡村产业将呈现以下三个方面的特点。

一是农业与旅游文化生态等元素融合促进农村传统产业转型。目前我国经济社会发展已经步入旅游经济时代，旅游业也从过去的观光发展到休闲度假，特别是城市人口对乡村旅游服务需求较大。我国广大农村具有丰富的自然生态、特色种植、地域民俗、农耕文明、传统村落、历史古镇等诸多乡村旅游资源，发展乡村旅游的基础条件较好。乡村旅游可以促进农村传统生产向特色花卉苗木种植、田园创意、特色餐饮、高端民宿、文化表演、休闲康养等现代都市休闲农业方向发展。从本质上看，休闲农业是以农业活动为基础，把农业和旅游业相结合的一种新型多功能的高效农业，通过"旅游+"促进旅游与其他产业融合将成为未来乡村产业振兴的重要方向。

二是农业自身产业链延伸型融合提升产业附加值。一些涉农经营组织，以农业为中心向前向后延伸，将种子、农药、肥料供应与农业生产连接起来，或将农产品加工、销售与农产品生产连接起来，或者组建农业产供销一条龙。

三是先进技术对农业的渗透型融合促进业态多元化。信息技术的快速推广应用，既模糊了农业与第二、第三产业间的边界，也大大缩短了供求双方之间的距离，这就使得网络营销、在线租赁托管等都成为可能。譬如通过推动互联网、物联网、云计算、大数据与现代农业结合，构建依托互联网的新型农业生产经营体系，促进智能化农业、精准化农业的发展。

四、特色小镇将成为助力乡村振兴的新模式

特色小镇是在块状经济和县域经济基础上发展而来的创新经济模式，是供给侧结构性改革的重要实践。2015年5月，习近平总书记在考察浙江时，对特色小镇给予充分肯定。同年11月，中财办关于浙江特色小镇的调研报告得到习近平总书记的批示，强调特色小镇建设对经济转型升级、新型城镇化建设都具有重要意义。2016年7月，财政部、国家发改委、住房和城乡建设部三部委联合下发《关于开展特色小镇培育工作的通知》（建村〔2016〕147号），提出到2020年，在全国建设1000个左右的特色小镇。2018年中央经济工作会议提出要"引导特色小镇健康发展"。这是"特色小镇"一词首次在中央经济工作会议中出现，对于特色小镇的建设发展具有极其重要的意义。可以说，特色小镇已经成为我国经济社会发展到新的历史时期、新的发展阶段的重要探索。

　　近年来，我国特色小镇蓬勃发展，已成为经济新常态下各地实践探索出的新经济模式，与田园综合体、美丽乡村共同成为乡村振兴的重要载体。随着乡村振兴战略的深入实施，特色小镇的发展模式和呈现的新形态将更加多元化。各类特色小镇的兴起和发展也是我国乡村供给侧结构性改革的生动实践和重要特色，对推动新型城镇化建设、促进农村经济转型和乡村现代化具有重要意义。

（一）山东省特色小镇发展现状

　　山东省特色小镇建设是山东省委、省政府落实经济转型升级的重要路径，是新旧动能转换综合试验区的重要举措，培养发展特色小镇对促进山东省区域经济的发展具有重要的战略意义。早在 2012 年，山东省就启动了"百镇建设示范行动"，通过金融支持、资金扶持、保障用地、引进人才、优化机构等政策支持了 200 个示范镇建设。2012 至 2015 年三年时间，200 个示范镇的镇域经济发展迅速，地区生产总值、地方财政收入、农民人均纯收入年均增长幅度，分别达到 23.96%、33.44%、15.59%，远超同期全省其他乡镇增长幅度，成为新型城镇化的重要载体。2016 年 9 月，山东省政府印发《关于山东省创建特色小镇实施方案的通知》（鲁政办字〔2016〕149 号），提出到 2020 年，创建 100 个左右产业上"特而强"、机制上"新而活"、功能上"聚而合"、形态上"精而美"的特色小镇，将山东省建成创新创业高地、产业投资洼地、休闲养生福地、观光旅游胜地，打造区域经济新的增长极。

　　1. 山东省国家级特色小镇发展现状

　　2016 年 10 月，住房和城乡建设部评选公布了第一批 127 个全国特色小镇，山东省入选 7 个；2017 年 8 月，住房和城乡建设部评选公布了第二批 276 个全国特色小镇，山东省入选 15 个。截至目前，山东省共有国家级特色小镇 22 个。通过对这些特色小镇战略规划分析可以看出，目前山东省国家级特色小镇的主流类型仍然是以传统动能驱动的产业，数量最多的是特色产业型小镇，数量为 6 个，占比为 27.3%；资源禀赋型 5 个，占比为 22.7%；历史文化型 4 个，占比为 18.2%。诸如高端制造型、新兴产业型、交通区位型、时尚创意型、金融创新型等高端创新型特色小镇数量明显不足。从全省区域分布看，除东营市还没有国家级特色小镇以外，22 个国家级特色小镇在全省各地市布局数量没有明显的地域差别。

　　2. 山东省省级特色小镇发展现状

　　根据《山东省创建特色小镇实施方案》（鲁政办字〔2016〕149 号）和

《山东省设立新的中小城市试点方案》（鲁政办字〔2016〕143 号）文件精神，2017 年 1 月 6 日，山东省组织评选了首批 60 个特色小镇；同年 9 月 1 日，评选公布了第二批特色小镇 49 个，截止到 2018 年度，共有 109 个省级特色小镇。特色小镇在连接城市与乡村经济协调发展，实施乡村振兴战略，推进城乡融合发展等方面发挥着重要的作用。各地根据其自身经济背景、自然资源不同，类型界定方式与发展模式也有所不同。从各产业类型分布情况来看，109 个特色小镇分布主要以工业制造类型最多，以自然景观、休闲娱乐、人文景观类型次之，以新型能源创新产业类型小镇数量最少。从省级特色小镇分布情况看，在数量上烟台、青岛、济南、潍坊、临沂特色小镇数量相对较多，东营、日照偏少。根据每个特色小镇所定位的特色产业不同，在分布数量上不同类型的特色小镇存在较大差异。从特色小镇在山东地区的分布情况来看，位于东部沿海地区的特色小镇多以休闲养生和自然景观为主，位于西部地区的特色小镇则以文化创意和物流商贸居多，而位于中部地区的特色小镇则以工业制造、文化旅游居多。

3. 特色小镇的特点和作用

不同于一般的小城镇建设，特色小镇是新时期城镇化推进过程中的一种模式创新，是典型的集约化、特色化发展。一般来说，围绕乡村振兴而发展的特色小镇应具备六大特征：产业特色集聚效果突出、发展机制的创新活力较强、社区综合服务功能基本具备、文化生态特色效应显著、旅游服务功能相对完善、政府引导市场化运作，是一个"生产、生活、生态、文化、旅游"五位一体的新的经济增长平台和创新创业的综合承载体，能顺应新型城镇化的发展趋势和要求。尤其要注意的是，特色小镇在规划、建设、管理的全过程中，要突出企业的主体地位，充分发挥市场在资源配置中的决定性作用。同时，也不能把城市文化、城市建设思维强加到小镇上。只有这样，特色小镇才能持续健康发展，从而避免"问题小镇""风险小镇"等发生。

具体来看，特色小镇对实现农业农村现代化具有四个方面的促进作用。一是在乡村或城市周边发展起来的特色小镇可以带动和促进现代农业的发展，特别是促进乡村旅游与农村产业的深度融合。二是特色小镇通过集聚特色产业，有利于形成规模化、品牌化效应，提升小镇区域影响力，形成吸引城乡要素的洼地。三是特色小镇通过产业和人口的集聚，可以带动农村社会化服务体系的建设，增强社区功能，有利于缩小城乡公共服务水平差距。四是特色小镇通过集中的社区功能，有利于推动乡村文明建设，促进乡村治理现代化。因此，加快规范引导特色小镇建设，对促进乡村振兴、提升城镇化水平意义重大。

（二）山东省特色小镇建设成效

山东省人口众多，历史文化底蕴深厚，是具有几千年悠久历史的儒家思想的发源地，拥有丰厚的历史文化遗产；自然资源及地理条件优越：黄河贯穿鲁西南地区和鲁北地区，形成了大面积的冲积平原；海岸线占全国海岸线的六分之一，海洋资源丰富；中部城市是交通枢纽，运输便利；特色农产品及农作物丰富。因此，山东省特色小镇的建设发展拥有着诸多本土特色优势。

1. 政策效应不断放大，经济支撑作用凸显

在山东省政府的大力支持和地方政府的积极推动下，各项扶持政策得到较好落实，城镇发展环境不断优化，特色小镇带动区域经济发展作用明显。这些极大地增强了区域对资金、技术、人才的吸纳能力，大批生产要素向示范镇聚集，特色小镇产业发展势头良好，城镇规模化、集约化发展水平明显提高，政策效应不断放大。

2. 基础设施日趋完善，公共服务显著提升

特色小镇的建设加速了区域内路、水、电、气、热等基础设施建设的推进，社会事业快速发展，基本公共服务均等化深入推进，生态环境不断改善，公共服务水平显著提高，社会治理水平不断提高。根据调研情况，特色小镇镇区道路硬化率和亮化率均达到90%以上；污水处理率达到60%，高于全省46.9%的平均水平；垃圾转运站建有率为100%；镇区绿地率达到32%，高于全省16.74%的平均水平。特色小镇成为一定区域内居民公共服务、文化、社会以及经济活动的核心。

3. 为地方产业结构调整提供了空间

特色小镇在保留当地原有产业的基础上，结合地方特色，引入新兴产业。从三大产业占比变化与发展的角度看，决定一项产业占比的因素主要为市场需求。伴随着新兴产业的引入与旅游业的发展，当地居民收入水平整体提高的同时，产业结构也已发生了结构性改变。在政府宏观调控和市场机制的共同作用下，特色小镇必然促进区域内三大产业结构的调整和优化。

4. 带动了区域经济发展，促进了农村城镇化发展进程

特色小镇的建设与发展已成为推进城镇化进程的重要力量。首先，以特色小镇为依托，二三产业的融合发展解决了农村剩余劳动力就业问题，阻止了农村人口向大中城市的转移；其次，特色小镇在推动城镇卫生保健、文化

教育以及科技发展方面成了重要的传导载体。第三，特色小镇加速了新经济增长点的建设、资源的聚集以及效应的发挥，推动了乡村经济的进步，促进了城镇化的发展，推进了城乡之间差距缩小的发展进程。

（三）山东省特色小镇的发展路径

特色小镇的建设包括产业、功能、机制、形态等核心要素。根据目前山东省特色小镇布局及运行发展实际，必须尊重发展规律，聚焦一个独特、核心的产业，实现产业与文化、旅游、社区的功能配套。体制上破旧去僵，形成聚合优势，形态上突出精、小、美特点，才能真正实现特色小镇的建设初衷和后续发展成功之路。

1. 尊重发展规律，充分认识特色小镇本质

特色小镇的建设，灵感源于瑞士的达沃斯小镇、美国的格林威治对冲基金小镇、法国的普罗旺斯小镇，这些地方产业富有特色，文化独具韵味，生态充满魅力。因此，特色小镇不是面子工程，也不能沦为升级版的房地产扩建，而是因消费升级而形成的产业升级、城市升格，是经济发展的必然规律，是人民日益增长的对美好生活的向往和追求，我们必须充分正确地认识特色小镇发展的意义和作用。在特色小镇的建设中要尊重经济发展、城镇化发展和市场发展规律，适应城乡发展的需要，既不能拔苗助长，也不能昙花一现；既要定计划下指标，但又要注重内涵的发展与延伸，注重人民生活的幸福感体验。充分发挥政府作用，结合各地实践，因地制宜，分类引导，着重于质量的发展。

2. 挖掘特色优势，实现特色小镇可持续发展

特色小镇的本质是人的宜居宜业，关键是特色，因而注定用钱砸不出来，靠行政手段也造不出来。特色小镇建设要根据自身不同的特色来设计、建设和发展，要结合本地特色，依据现实需求，塑造特色小镇建设的独特理念，避免"千镇一面"。在建设方面要根据其先天具有的历史沉淀和独特资源优势进行规划设计。比如，利用自然条件，如山地、湖水、平原、丘陵等；利用历史资源，如很多小城镇历史悠久，本身就是一部物化的史书，用其保留下来的独有的历史文化遗产提升小镇内涵等。因此，要将关注点落在"特"字之上，把握特色小镇的"特"字内涵，匠心独具，结合区域经济与当地文化发展需求来规划引领，打造风格独特、独一无二、具有说服力的、有自己丰富内涵的"不一样"的特色小镇。唯有久久为功的精耕细作，才能实现根深叶茂的发展；唯有打造自己独特的品牌，才具有核心竞争力和持续发展的原动力。

3. 突出产业优势，实现产业融合发展模式

特色小镇是以当地某种经由历史沉淀的独特资源、经典产业以及新兴产业为基础，设计和打造的具有集聚效应和鲜明特色的乡镇区域发展生态系统。产业是支撑小镇经济增量的支柱，也是小镇成败的决定因素。因此，拥有主导产业是打造特色小镇的基本条件，突出产业核心优势是特色小镇的基本着力点，而在特色小镇建设中加快实现"产业＋文化""产业＋生态""产业＋旅游""产业＋城镇"的发展模式，培养功能齐全、形式多样的新型发展业态是特色小镇发展的关键。同时，在特色小镇打造中更要注重提升产业的科技含量，将先进科技元素融入其中，增强特色小镇的竞争力和创新价值。

4. 转变传统观念，建立动态考核退出机制

建立特色小镇的考评与退出机制，本身就是现代公共治理的应有之义。现代公共治理是一种全链条的动态管理，它摒弃"一次审批，终身受益"的传统管理思想观念，旨在推动"能上能下"的动态调整机制，在调研追踪与不断反馈中重新评估标的物，从而确保事业推进的质量与效率。

5. 深化体制改革，引进先进管理运营模式

特色小镇集生态、生活、生产为一体，其发展动力来源于产业与金融的双向驱动力。特色小镇投入高、周期长，纯市场化运作难度较大。根据已经初步建成、有企业进驻运营的部分小镇统计，平均一个特色小镇投资额为50亿—60亿。因此，政府必须改革现有投融资体制，搭建投融资平台，广辟资金渠道，建立和完善财政对特色小镇建设投入的稳定增长机制，并出台相关配套扶持政策。通过"政府主导、企业运作、合作共赢"的市场化运作模式，打通地方政府、社会资本、金融机构的三方金融渠道，三方各自发挥优势，使得特色小镇的建设整体推进和运营更顺利、更具有可持续性。

（四）特色小镇未来发展重点和趋势

特色小镇作为新时代城镇化创新发展的产物，虽然目前在发展过程中出现了一些不足和偏差，但其作为新的经济增长平台和发展新模式，未来发展潜力很大，将成为助力乡村振兴的重要支撑。从今后的发展趋势和发展重点看，特色小镇建设必须做到"五个结合"。

一是特色小镇建设要与区域城镇化战略相结合。国家实施城市群战略是我国新时期城镇化的重大导向，譬如加快建设京津冀城市群、长三角城市群、关中平原城市群、成渝城市群、长江中游城市群等，各地方、区域也将形成若干次级城镇群。推动区域城镇群建设发展有利于生产力空间的优化布局和

人口合理集聚，促进土地等资源的集约化配置利用。特色小镇作为新的城镇化形态，好比嵌入以行政区划为主导的城镇群上的颗颗明珠，增进了城镇群的经济互动联系，提升了城镇化水平。

二是特色小镇建设要与城乡资源要素配置相结合。通过对资金、土地、劳动力、公共服务等资源的统筹配置，促进城乡资源要素有序合理流动，提高资源配置效率，充分发挥资源要素集聚的支撑作用。

三是特色小镇建设要与乡村产业振兴相结合。特色小镇处在城乡接合部，是城镇联系农村的纽带，建设特色小镇有利于城镇的中小加工制造业、现代服务业向农村延伸，促进传统农业升级发展，特别是有利于突出农业的特色和创新，譬如形成一批科创小镇、文创小镇、旅游小镇、电商小镇、康养小镇等。

四是特色小镇建设要与创新农村服务供给相结合。通过特色产业和人口的集聚，带动公共服务设施建设和社区功能配套升级，促进服务供给和服务模式创新，弥补"三农"发展面临的服务短板。

五是特色小镇建设要与推动农村实现全面小康相结合。重点培育特色小镇带动贫困农村脱贫致富的功能，切实发挥产业扶贫带动作用，改善农村贫困家庭生活质量，增强脱贫致富的造血功能。

同时，需要指出的是，从特色小镇与特色小城镇的现实实践来看，二者也并不是完全并行而不可融合的两种形态和载体。在江浙发达地区，由于城镇化和现代化水平较高，特色小镇与小城镇融合发展态势较为明显。随着乡村振兴战略的深入推进、城乡一体化发展水平的提升，特色小镇与特色小城镇的融合发展态势也将更趋明显。

总体来看，随着国家乡村振兴战略的深入推进，我国"三农"发展将面临深刻的变革和新的发展机遇，但同时我们也必须客观看待乡村振兴中存在的各种矛盾和问题。我国农业农村长期以来积累的问题不可能短期内就能得以彻底解决，特别是改革开放以来我国城镇化和工业化快速推进导致的农村凋敝、乡村社会治理难度大、乡村民俗文化的传承后继乏人，以及农村土地改革推进较慢、发展现代农业人才匮乏、老少边穷地区的贫困状态依然严峻等问题。这些问题的叠加会导致乡村发展的差异性和多样性趋势仍将延续，因此，实现乡村振兴将是一个艰巨的长期的战略性任务。

五、乡村振兴齐鲁样板的改革政策取向

目前，我国"三农"发展已迈入新时代，农业农村现代化是乡村振兴战略总目标，农业农村优先发展是乡村振兴总方针。新的时代，国家和农民关系的重心必须转移到乡村振兴战略上来，必须充分考虑我国乡村振兴任务的长期性、艰巨性，从而保持历史耐心，制定更加公平、激励有效、充分保障农民权益的改革政策，推动农业农村优先发展政策落地，深化新一轮农村改革，完善乡村振兴法律法规，扎扎实实地把中国"三农"领域的重大改革和制度创新全面推向前进。

（一）继续坚持农业农村优先发展政策导向

坚持农业农村优先发展是我国乡村振兴战略的总方针，必须在干部配备上优先考虑，在要素配置上优先满足，在资金投入上优先保障，在公共服务上优先安排。切实把这"四个优先"要求落到实处，牢固树立农业农村优先发展的政策导向，加快补齐农村基础设施、公共服务和生态环境等领域短板，着力推动城乡要素平等交换和公共资源城乡均衡配置，从根本上改变城乡二元结构。

1. 在干部配备上优先考虑

村看村、户看户，群众看干部。干部是农业农村优先发展政策落地的决定因素。落实农业农村优先发展总方针，要在干部配备上优先考虑农业农村工作，把优秀干部特别是年轻干部优先安排到农村，优先提拔在农业农村工作中成绩突出的干部，选优配强"懂农业、爱农村、爱农民"的"三农"干部队伍，引导全社会人才投身乡村振兴，凝聚全社会支持乡村振兴的战斗力。

2. 在要素配置上优先满足

资源要素配置失衡是我国城乡发展不平衡的主要因素。必须围绕"人、钱、地"等核心要素供给，抓住关键环节，在要素配置上优先满足乡村发展需要，不断激发乡村发展的内生动力。首先要从税收政策和奖励机制上鼓励企业和各类人才参与农村发展，让人"流"入乡、留在乡村，改变不合理的乡村人口结构。其次要采取操作性强的举措鼓励各类社会资本投向农村，形成多元投入格局，实现要素配置优先满足，让钱"流"进村。最后要继续深化农村土地制度改革，激活乡村沉睡的资产、盘活乡村闲置资源，让地"活"起来，有序有效释放土地红利。

3. 在公共服务上优先安排

农村教育、医疗、养老、社保等公共服务最关乎群众获得感、幸福感和安全感。要优先在服务体系上建设完善的公共服务保障网，提升农村服务保障水平。要优先在资金供给上给予支持，新增教育、卫生、文化等事业经费主要用于农村，强化政府投资主体责任。要优先在体制机制上创新，让农民参与到公共服务供给决策中，采用同城化管理方式，加快推进城乡基本公共服务均等化。

（二）加快农村土地制度改革的实践探索

按照"产权关系明晰化、农地权能完整化、流转交易市场化、产权保护平等化和农地管理法制化"的五项要求，深化农村土地制度改革和实践探索。

1. 强化耕地保护制度

全面落实永久基本农田特殊保护制度，大规模推进高标准农田建设。建立耕地保护奖励性补偿机制，实施省级政府耕地保护责任目标考核。建立健全耕地修复制度，扩大轮作休耕制度试点。

2. 稳定农村土地承包关系

坚持家庭经营基础性地位，保持土地承包关系长久不变，农村土地第二轮承包期到期后再延长 30 年；严格保护农户承包权，任何组织和个人都不能取代农民家庭的土地承包地位，都不能非法剥夺和限制农户的土地承包权。

3. 落实承包地"三权分置"制度

充分尊重农民意愿，以"落实集体所有权、稳定农户承包权、放活土地经营权"为导向，从理论层面和实践层面加快完善承包地"三权分置"改革，厘清权利主体的权力边界和相互权力关系，明确界定各类权利的内涵及适用范围、使用办法等。完善所有权、承包权权能，依法维护农民集体对承包地发包、调整、监督、收回的权利，维护承包农户使用、流转、抵押、退出承包地等权利。平等保护经营权，依法维护经营主体从事农业生产所需的各项权利。推进完善土地经营权抵押贷款，允许经营主体以承包地的经营权依法向金融机构融资担保、入股从事农业产业化经营。

4. 推进宅基地制度改革

以"落实宅基地集体所有权、保障宅基地农户资格权、放活宅基地使用权"为农村宅基地改革的核心和重点，积极探索农村宅基地"三权分置"的具体实现形式，厘清村集体经济与农户的产权界定，细化村集体经济组织、农户等相关利益主体之间的权能。继续健全放活宅基地使用权的权益保障机制，结合乡村旅游、下乡返乡创业创新等先行先试，研究农民通过合法渠道自愿有偿多种方式处置宅基地及附属设施用地的可行方式，探索盘活利用闲置的宅基地和农房，赋予农房财产权流转、抵押等权能，增加农民财产性收入。

5. 完善农村集体经营性建设用地入市制度

加快推进集体建设用地使用权确权颁证，明确产权归属，落实入市主体。

继续细化明确集体经营性建设用地入市规则及监管措施，要明确要求集体建设用地使用权人严格按照土地利用总体规划确定的用途使用土地。改革完善土地出让收入使用制度及土地增值收益分配机制，规范农村集体经济组织收益分配和管理，收益重点向集体和农民倾斜，集体收益主要用于乡村振兴和脱贫攻坚。

6. 改革农村土地征收制度

通过完善法律法规进一步明确依法征地范围，逐步缩减土地征收规模，重点保障政府的基础设施、公共事业和城镇规划范围内的成片开发建设用地需要。提高征地补偿安置标准，完善对被征地农民的社会保障制度，鼓励探索"留地安置""留物业经营"等方式。规范土地征收程序，充分保障被征地农民的知情权、参与权、申诉权、监督权，健全矛盾纠纷化解机制。

（三）深化农村集体产权制度改革创新

以资源变资产、资金变股金、农民变股东"三变"方式，探索引领农村集体产权制度改革深化，大力发展农村集体经济。

1. 全面完成农村集体资产清产核资工作

全面完成农村集体经济组织全部资金、资产、资源的清产核资工作，依法依规进行权属界定，办理或完善有关产权手续，建立健全管理台账。

2. 全面确认农村集体成员身份

依据有关法律法规，统筹考虑户籍关系、农村土地承包关系等因素，因村制宜地制订成员身份确认办法，探索农村集体经济组织成员的认定程序、具体标准和管理办法。

3. 加快推进集体经营性资产股份合作制改革

继续扩大示范范围，选择有条件的农村集体经济组织，稳妥开展农村集体资产量化确权改革试点，探索各类集体资产量化确权的具体实现形式，盘活集体资产资源，增加农民财产性收入。

4. 稳妥推动农村产权流转交易

依托土地交易平台，探索推进农村集体资产、集体经济组织股权等交易机制。鼓励农村土地承包经营权规范地向专业大户、家庭农场、农民合作社、农业企业等新型经营主体流转。积极推进农村承包地的经营权资本化改革，让农业转移人口按股享受其收益。探索建立土地承包权依法、自愿、有偿退出机制。

（四）完善农业支持保护制度

以提升农业质量效益和竞争力为目标，强化绿色生态导向，创新完善政策工具和手段，加快建立新型农业支持保护政策体系。

一要加大支持农业投入力度，建立健全国家农业投入增长机制，政府固定资产投资继续向农业倾斜。二要完善农业补贴政策体系，增强补贴的指向性和精准性，加强对粮食主产区、粮食适度规模经营、绿色生态农业等的补贴力度。三要深化重要农产品收储制度改革，以增强政策灵活性和弹性为导向，建立健全稻谷、小麦最低收购价支持保护政策。深化玉米收储制度改革、棉花目标价格改革。合理制定大豆补贴政策。四要完善农业保险政策体系，积极开发适应新型农业经营主体需求的保险品种，探索开展水稻、小麦、玉米完全成本保险和收入保险试点。健全农业保险大灾风险分散机制。扩大"保险+期货"试点，探索"订单农业+保险+期货（权）"试点。

（五）乡村振兴法律法规将加快出台和完善

乡村振兴战略的实施需要体系化的法律法规来引领和支撑。要坚持规范化和实践化互为支撑，加快立法修法工作，通过法律的形式保障乡村振兴的投入及农民的相关权益，以保障乡村振兴战略的推进实施。既要在推进实施乡村振兴战略中严格执行现行的涉农法律法规，比如在规划编制、项目安排、资金使用、监督管理等方面，推动各类组织和个人依法依规实施和参与乡村振兴，提高规范化、制度化、法治化水平，也要把乡村振兴工作中经过实践检验的有效可行的政策法定化，补充完善乡村振兴相关法律法规和标准体系，充分发挥法律的推动作用。

1. 出台《乡村振兴促进法》

要把乡村振兴战略的目标任务转为社会共识，需要法制的保障。抓紧研究制定《乡村振兴促进法》，把行之有效的乡村振兴政策法定化，成为一种直接的权利、义务或者责任，以充分发挥立法在乡村振兴战略实施中的推动作用。

通过制定《乡村振兴促进法》，保障乡村振兴战略推进实施。制定《乡村振兴促进法》的重点是要突出促进，形成促进乡村振兴的法律政策、体制机制，同时也要有相应的约束。首先，要把党中央和国家关于实施乡村振兴战略的总目标、总方针、总要求及原则、任务体现好。其次，要在推进农业农村现代化的目标指引下，通过立法处理好新时代的城乡关系，把乡村振兴战略落到实处的一些重大原则、指导思想和方针政策贯彻好。同时，还要把各地贯彻落实国家乡村振兴战略及推进乡村振兴规划实施中所创造的新鲜经验吸纳到法律中，逐步把经过实践证明的行之有效的经验上升为法律。最后，对违法违规占用耕地、擅自破坏生态红线和永久基本农田保护红线的行为、引进严重污染农村环境的产业、有毒有害农业投入品的使用等，必须进行立法层面的限制和管理。

2. 完善《土地管理法》等涉农法律法规

推动实施乡村振兴战略，要在总结农村土地征收、集体经营建设用地入市、宅基地制度改革试点经验基础上，加快修改完善以《土地管理法》为核心的涉农法律法规，逐步形成共促乡村振兴的法律支撑体系。

首先，农村土地制度改革必须坚持农村土地集体所有、坚守耕地保护红线、符合规划和用途管制、赋予农民更多财产权等。要按照此要求修改《土地管理法》，不断完善农村土地的退出机制和市场化的交易机制，探索宅基地流转、收益管理办法，推动农村承包地和建设用地使用权加快流转，规范农村土地流转行为，推动承包地、林地、宅基地抵押贷款管理办法实施，完善土地征收、退出等补偿办法，保障农民的后续就业、社保等配套权益。

其次，要根据乡村振兴中相关用地政策的改革需要，把全国各地推进乡村振兴土地制度改革试点中积累的成熟经验和政策举措，适时上升为法律法规纳入《土地管理法》。同时，需要进一步修改《物权法》《担保法》等法律法规中与修订的《土地管理法》相冲突的条款。

3. 强化相关法律法规的衔接

乡村振兴战略是一个系统性工程，其他相关法律法规要围绕《乡村振兴促进法》不断强化法律法规之间的衔接。

首先，要强化户籍制度与土地利用制度相关法律法规的衔接。重点强化《户口登记条例》《居住证管理办法》等相关户籍制度与《土地管理法》《农村土地承包法》《物权法》等相关土地利用制度之间在执行上的衔接。在户籍改革政策中必须尊重农民意愿，切实保障转户居民合法权益。在土地利用政策中弱化户籍门槛，由市场主导资源分配。

其次，要强化土地利用制度与就业制度相关法律法规的衔接。重点强化《土地管理法》《农村土地承包法》《物权法》等相关土地利用制度与《就业促进法》《劳动法》《劳动合同法》等相关就业制度之间在执行上的衔接。在土地利用的政策中规定城乡居民均可通过合法的流转方式获得承包地、林地及集体经营性建设用地等农村土地的使用权；在就业政策中允许城市居民选择农业就业，并创造合法途径获得农村土地使用权（但不包括流转、处置权），并逐步实现根据区域间接纳的就业落户人数跨区域配置建设用地指标。

参考文献

［1］陈锡文.实施乡村振兴战略，推进农业农村现代化［J］.中国农业大学学报（社会科学版），2018，35（01）：5—12.

［2］龚正.落实新发展理念要有战略定力［N］.人民日报，2016－03－23（007）.

［3］龚正.增创高质量发展的体制机制优势［N］.学习时报，2018－12－28（001）.

［4］龚正.保持贯彻新发展理念战略定力　推动新旧动能转换全面起势［J］.人民论坛，2019（28）：6—8.

［5］龚正.山东：奋力蹚出一条高质量发展路子［J］.山东经济战略研究，2019（10）：4—5.

［6］龚正.适应新常态　推进新发展　实现新梦想［J］.杭州（周刊），2015（05）：8—11＋61.

［7］龚正.推进新旧动能转换　携手共创发展新蓝海［J］.中国科技产业，2018（01）：15—16.

［8］郭晓鸣.乡村振兴战略的若干维度观察［J］.改革，2018（03）：54—61.

［9］韩俊.关于实施乡村振兴战略的八个关键性问题［J］.中国党政干部论坛，2018（04）：19—26.

［10］韩长赋.用习近平总书记"三农"思想指导乡村振兴［N］.学习时报，2018－03－28（001）.

［11］韩长赋.着力推进农业供给侧结构性改革［N］.农民日报，2016－05－13（001）.

［12］韩长赋.中国农业发展方式的战略选择［N］.人民日报，2017－10－02（002）.

［13］韩长赋.从江村看中国乡村的变迁与振兴［J］.领导决策信息，2019（05）：13.

［14］韩长赋．大力实施乡村振兴战略［J］．紫光阁，2018（01）：11—12.

［15］韩长赋．关于实施乡村振兴战略的几个问题［J］．农村工作通讯，2019（18）：12—19.

［16］韩长赋．乡村振兴，以改善农村人居环境为重要突破口［J］．社会治理，2019（04）：9—10.

［17］韩长赋．中国农村土地制度改革［J］．农业经济问题，2019（01）：4—16.

［18］韩长赋．做好新时代"三农"工作的行动指南［J］．农村工作通讯，2019（15）：5—7.

［19］贺雪峰．关于实施乡村振兴战略的几个问题［J］．南京农业大学学报（社会科学版），2018，18（03）：19—26＋152.

［20］黄祖辉．准确把握中国乡村振兴战略［J］．中国农村经济，2018（04）：2—12.

［21］姜长云．实施乡村振兴战略需努力规避几种倾向［J］．农业经济问题，2018（01）：8—13.

［22］蒋永穆．基于社会主要矛盾变化的乡村振兴战略：内涵及路径［J］．社会科学辑刊，2018（02）：15—21.

［23］李克强．关于当前我国农业问题的分析与思考［J］．社会科学家，1990（02）：82—87.

［24］李克强．论我国经济的三元结构［J］．中国社会科学，1991（03）：65—82.

［25］李克强．以改革创新为动力加快推进农业现代化［J］．理论参考，2015（06）：4—10.

［26］李希信．坚定扛起农业大省责任 打造乡村振兴齐鲁样板［N］．农民日报，2019–08–17（003）．

［27］李希信．抓好"七个一"打造乡村振兴齐鲁样板［J］．农村工作通讯，2019（04）：38—39.

［28］廖彩荣，陈美球．乡村振兴战略的理论逻辑、科学内涵与实现路径［J］．农林经济管理学报，2017，16（06）：795—802.

［29］刘合光．乡村振兴战略的关键点、发展路径与风险规避［J］．新疆师范大学学报（哲学社会科学版），2018，39（03）：25—33.

［30］刘家义，龚正．奋进新时代激发新动能建设新山东［J］．山东经济战略研究，2019（09）：4—6.

［31］刘家义．打造乡村振兴的齐鲁样板［N］．通辽日报，2018 – 05 – 18（003）．

［32］刘家义．改才有出路，闯才有活路［N］．人民日报，2018 – 08 – 08（005）．

［33］刘家义．弘扬沂蒙精神传承红色基因［N］．学习时报，2019 – 10 – 30（001）．

［34］刘家义．弘扬沂蒙精神　践行初心使命　谱写新时代党群关系新篇章［N］．人民日报，2018 – 12 – 14（007）．

［35］刘家义．坚定文化自信担当文化使命［N］．光明日报，2018 – 11 – 26（009）．

［36］刘家义．落实走在前列要求　实现创新持续领先发展［N］．人民日报，2017 – 08 – 24（009）．

［37］刘家义．深入贯彻落实十九大精神　全力推动乡村振兴［N］．人民日报，2018 – 01 – 12（010）．

［38］刘家义．永葆赤子之心　对党绝对忠诚［N］．学习时报，2016 – 09 – 29（001）．

［39］刘家义．国家治理现代化进程中的国家审计：制度保障与实践逻辑［J］．中国社会科学，2015（09）：64 – 83 + 204 – 205．

［40］刘家义．为企业改革发展搭台　山东踏上高质量发展新征程［J］．国资报告，2019（11）：9—11．

［41］刘家义．勇做新时代泰山"挑山工"［J］．山东经济战略研究，2018（07）：6—9．

［42］刘彦随．中国新时代城乡融合与乡村振兴［J］．地理学报，2018，73（04）：637—650．

［43］罗必良．明确发展思路，实施乡村振兴战略［J］．南方经济，2017（10）：8—11．

［44］王亚华，苏毅清．乡村振兴——中国农村发展新战略［J］．中央社会主义学院学报，2017（06）：49—55．

［45］魏后凯．如何走好新时代乡村振兴之路［J］．人民论坛·学术前沿，2018（03）：14—18．

［46］习近平．登高望远，牢牢把握世界经济正确方向［N］．人民日报，2018 – 12 – 01（002）．

［47］习近平．谱写中美农业互利合作新篇章［N］．人民日报，2012 – 02 – 18（002）．

〔48〕习近平．在"不忘初心、牢记使命"主题教育总结大会上的讲话〔N〕．人民日报，2020－01－09（002）．

〔49〕习近平．论坚持党对一切工作的领导〔J〕．马克思主义与现实，2019（06）：206.

〔50〕习近平．按照"三个代表"要求创新农村工作机制〔J〕．党建研究，2002（09）：8—10.

〔51〕习近平．把乡村振兴战略作为新时代"三农"工作总抓手〔J〕．社会主义论坛，2019（07）：4—6.

〔52〕习近平．大力实施统筹城乡发展方略加快浙江全面建设小康社会进程〔J〕．今日浙江，2005（18）：4—7.

〔53〕习近平．发挥"三农"工作优势全面推进新农村建设〔J〕．今日浙江，2006（07）：8—10.

〔54〕习近平．加快转变基层政府职能为新农村建设提供有效服务〔J〕．今日浙江，2007（04）：6—7.

〔55〕习近平．加入 WTO 与农村市场化建设〔J〕．中共福建省委党校学报，2001（01）：3—13.

〔56〕习近平．坚持、完善和发展中国特色社会主义国家制度与法律制度〔J〕．求知，2020（01）：4—6.

〔57〕习近平．坚持统筹城乡发展的方略进一步明确今年我省"三农"工作的主要任务〔J〕．政策瞭望，2005（02）：4—7.

〔58〕习近平．坚定信心把握机遇扎扎实实地推进农村小康建设〔J〕．农村工作通讯，1997（02）：8—9.

〔59〕习近平．论农村改革发展进程中的市场化建设〔J〕．中共福建省委党校学报，1999（07）：4—10.

〔60〕习近平．论中国农村市场化进程测度〔J〕．经济学动态，2001（11）：11—17.

〔61〕习近平．农村市场化建设与中国加入 WTO〔J〕．清华大学学报（哲学社会科学版），2001（04）：50—56＋66.

〔62〕习近平．努力创新农村工作机制——福建省南平市向农村选派干部的调查与思考〔J〕．求是，2002（16）：13—16.

〔63〕习近平．全面推进社会主义新农村建设的总体要求与主要任务〔J〕．政策瞭望，2006（02）：4—6.

〔64〕习近平．深入理解新发展理念〔J〕．社会主义论坛，2019（06）：4—8.

[65] 习近平. 实践"三个代表"重要思想努力创新农村工作机制——福建省南平市向农村选派村党支部书记、科技特派员、乡镇流通助理的调查与思考 [J]. 农村工作通讯, 2002 (07): 11—13.

[66] 习近平. 习近平给"万企帮万村"行动中受表彰的民营企业家的回信 [J]. 中国产经, 2018 (11): 23.

[67] 习近平. 要跳出"三农"抓"三农" [J]. 西部大开发, 2013 (Z1): 5.

[68] 习近平. 以建设社会主义新农村为主题深入开展农村先进性教育活动 [J]. 求是, 2006 (08): 37—38.

[69] 习近平. 在黄河流域生态保护和高质量发展座谈会上的讲话 [J]. 当代广西, 2019 (20): 11—13.

[70] 习近平. 扎实推进新一年建设社会主义新农村的各项工作 [J]. 政策瞭望, 2007 (03): 4—9.

[71] 叶兴庆. 新时代中国乡村振兴战略论纲 [J]. 改革, 2018 (01): 65—73.

[72] 于国安. 坚持用科学的发展观统领农业财政工作 [J]. 财政研究, 2004 (05): 18—20.

[73] 于国安. 提高财政支持新农村建设的层次和水平 [J]. 中国财政, 2006 (10): 26—27.

[74] 于国安. 推进农村综合改革的几点思考 [J]. 中国财政, 2006 (05): 41—42.

[75] 于国安. 在首届"乡村振兴（山东）高峰论坛"开幕式上的主旨演讲 [J]. 山东经济战略研究, 2018 (11): 27—32.

[76] 张军. 乡村价值定位与乡村振兴 [J]. 中国农村经济, 2018 (01): 2—10.

[77] 张强, 张怀超, 刘占芳. 乡村振兴: 从衰落走向复兴的战略选择 [J]. 经济与管理, 2018, 32 (01): 6—11.

[78] 张晓山. 实施乡村振兴战略的几个抓手 [J]. 人民论坛, 2017 (33): 72—74.

[79] 中共中央国务院关于实施乡村振兴战略的意见 [N]. 人民日报, 2018-02-05 (001).

[80] 中共中央国务院印发《乡村振兴战略规划 (2018—2022 年)》[N]. 人民日报, 2018-09-27 (001).

[81] 朱泽. 大力实施乡村振兴战略 [J]. 中国党政干部论坛, 2017 (12): 32—36.